EDITORIAL

Ξ Tom Pflicke / Luisa Rolfes / Matthias Micus

Wer heute aufmerksam durch die angesagten Viertel deutscher Großstädte flaniert und diese urbanen Sehnsuchtsorte der neuen, mit reichlich ökomischem und kulturellem Kapital ausgestatteten Mittelklasse kritischen Blickes betrachtet, sich also nicht blenden lässt von fein restaurierten Stuckfassaden gründerzeitlicher Herrlichkeit, der wird unweit auf die nicht nur soziale Kehrseite urbanen Wohnens treffen: beengte Plattenbausiedlungen und unsanierte Altbauten, längst im Besitz internationaler Investmentfonds und großer Immobilienkonzerne, die auf die nächste Gentrifizierungswelle warten.

Oft beobachtet man schlicht Leerstand. Denn bis diese Häuser von jenen bewohnt werden, die sie bezahlen könnten, bleiben sie für jene unbezahlbar, die sie bewohnen könnten. In Zeiten steigender Mieten und niedriger Zinsen ist auch für viele Privatpersonen der städtische Immobilienkauf eine verlockende, weil sichere Kapitalanlage. Der urbane Zuzug ist so immens, die Nachfrage nach Wohnraum so groß, dass auf den hiesigen großstädtischen Immobilienmärkten trotz Mietpreisbremse und Mietendeckel eine regelrechte Goldgräberstimmung herrscht – oder jedenfalls bis vor kurzem herrschte, die Folgen der Corona-Pandemie sind auch für den Immobiliensektor noch nicht absehbar.

Die Folgen der jüngeren Entwicklung dagegen sind offenkundig: Sozial und ökonomisch Schwächere werden verdrängt aus ihren angestammten Vierteln und Kiezen, die nun Wohn- und Lebensraum der jungen urbanen, überwiegend in der Wissensökonomie und im Kunst- und Kulturbetrieb tätigen Elite werden. Stellenweise ist die Homogenität hinsichtlich der Alters- und Sozialstruktur sowie des Habitus in manchen Vierteln so frappant, dass man alte Menschen ebenso wie die andere, die depravierte Seite der Gesellschaft kaum mehr wahrnimmt.

In Städten wie Berlin, Hamburg oder München – um von den internationalen Metropolen an dieser Stelle zu schweigen – geben Geringverdienende im Schnitt rund vierzig Prozent ihres Gehalts fürs Wohnen aus. Sie arbeiten also, dies muss man sich immer wieder klarmachen, beinahe die Hälfte des Monats nur dafür, um einen privaten Rückzugsort in Gestalt eines Daches über dem Kopf zu haben. Auch die Zahl der Wohnungslosen ist in den letzten zehn Jahren rasant gestiegen – und die Lage verschärft sich proportional zum wachsenden Zuzug in die Städte.

Damit klingen die zentralen Stichworte der jüngeren Wohndebatten und -proteste an: steigende Mieten, Entmietung, Privatisierung, Gentrifizierung, Verdrängung, Segregation, soziale Entmischung etc. Ob eine Reaktivierung des sozialen Wohnungsbaus neben den sich derzeit verstärkenden staatsregulierenden Eingriffen in den Wohnungsmarkt ausreichen wird, um ein menschenwürdiges Wohnen für Jeden zu gewährleisten, ist jedenfalls bis dato fraglich.

Die formal-juristische Ebene ist ebenso wenig angetan, Zuversicht zu schaffen. Im Grundgesetz wird zwar die Unverletzlichkeit der Wohnung (Art. 13 GG) geregelt, ein Grundrecht auf Wohnen, wie es die Weimarer Republik und die DDR kannten, existiert allerdings nicht, obwohl es seit der Wiedervereinigung mehrfach Initiativen und Vorstöße gab, das soziale Menschenrecht des Wohnens grundgesetzlich zu verankern. In vielen deutschen Länderverfassungen findet man ein solches Recht auf Wohnen und Wohnraum übrigens durchaus. Allerdings cum grano salis, denn nach herrschender Rechtsauffassung wird es lediglich als objektiv-rechtliche Staatszielbestimmung interpretiert und damit nicht verstanden als subjektive Rechtsnorm mit einklagbarem Anspruch des Einzelnen auf Wohnung.

Indes, der Anspruch gerade von Haushalten mit unteren Einkommen und von Personen, die sich etwa aufgrund von Arbeitslosigkeit oder Altersarmut in einer oft sozial isolierenden und stigmatisierenden Lage befinden, der Anspruch also von ökonomisch und sozial Marginalisierten auf menschenwürdiges Wohnen geht über verfassungsrechtliche Fragen und Debatten weit hinaus. An die Erfolge etwa des staatlich gelenkten und vielfach genossenschaftlich organisierten sozialen Wohnungsbaus der Weimarer Republik konnte die Bundesrepublik nicht anschließen. Vielmehr trat der soziale Wohnungsbau in der zweiten deutschen Republik in eine rapide Abwärtsspirale ein. Bis er schließlich – etwa zu Beginn der 1980er Jahre, d.h. im Zuge der zunehmenden Deregulierung des Wohnungsmarktes im anbrechenden neoliberalen Zeitalter und nicht zuletzt diskreditiert durch den Neue-Heimat-Skandal 1982 – weitestgehend aufgegeben und bis heute nicht im erforderlichen Maße reaktiviert wurde.

Erst seit Kurzem versucht die öffentliche Hand, insbesondere unter dem zuletzt gehörig gestiegenen Druck der Mieter*innenbewegung, gegen die krassesten Auswüchse des Wohnungsmarktes mittels Instrumenten wie der Mietpreisbremse und des Mietendeckels vorzugehen und lokale Wohnungsmärkte wieder stärker zu regulieren. Doch wird die vollmundige Verkündigung des Bundesministerium des Innern, für Bau und Heimat, dass der soziale Wohnungsbau intensiviert werde, dadurch relativiert, dass es an zentraler Lenkung und Regulierung fehlt, weil seit 2006, infolge der Föderalismusreform I, die soziale Wohnraumförderung bei den Ländern liegt.

Gleichwohl: Die Wohnungsfrage ist zurück auf der politischen Agenda. Gegenwärtige wohnpolitische Kontroversen drehen sich dabei in erster Linie um die Frage des bezahlbaren Wohnens für alle. *Was aber ist das gute Wohnen?* Diese essenzielle Frage wird kaum gestellt in einer Debatte, die allzu lang allzu sehr auf quantitative Aspekte – Wohnfläche, Lage, Infrastruktur – reduziert war. Jedoch schießen in vielen Städten und Gemeinden selbstorganisierte, genossenschaftlich oder öffentlich verwaltete Wohnprojekte mit oftmals emanzipatorischem Anspruch empor, die zu zeigen versuchen, dass ein anderes Wohnen möglich ist.

Gewiss geht es hier um Verfügungsgewalt, um den Ausbruch aus einem Spekulationskarussell, das aus einem der wichtigsten Güter eine Ware macht, deren Marktwert sich von ihrem Gebrauchswert weitgehend entkoppelt hat – und gleichsam an den Bedürfnissen eines Großteils der Menschen vorbeigeht. Jene innovativen, oftmals integrativen Wohnprojekte stehen also auch im Zeichen der drängenden Frage danach, wie in Zeiten rapider gesellschaftlicher Veränderungen Wohnformen realisiert werden können, die mehr als nur Schutz und Rückzug vor den Belastungen und Entbehrungen des Alltags zu ermöglichen vermögen.

Nicht zuletzt deshalb, weil durch die Individualisierung und wachsende Mobilitätsanforderungen eines flexibilisierten Arbeitsmarkts das vertraute Konzept eines Haushaltes, der gemeinsam von der bürgerlichen Kleinfamilie bewohnt wird, ins Wanken gebracht worden ist. Insbesondere Einpersonenhaushalte und die früher einmal so genannten alternativen Wohnformen gewinnen im Zuge dieser Entwicklungen an Bedeutung.

Mit diesem Trend diffundiert zugleich die gewohnte Grenzziehung zwischen öffentlich und privat, lose verkoppelter Gesellschaft und familiärer Gemeinschaft, Straße und Wohnraum. Die gegenwärtigen Corona-Zeiten, die unverkennbar aufzeigen, dass Wohnen heute nicht mehr als *das Andere* des Erwerbslebens und ebenso wenig als *das Andere* des gesellschaftlichen Lebens gedacht werden kann, haben diese Grenzverwischung ins allgemeine Bewusstsein gehoben.

Kurzum: Die Wohnungsfrage ist auch eine soziale Frage und die Frage nach dem guten Wohnen auch eine nach dem guten Leben für alle. Dem will die vorliegende Indes gerecht werden. Wir wünschen viel Vergnügen bei der Lektüre.

INHALT

 INDES, 2020-2, S. 4–5, © Vandenhoeck & Ruprecht GmbH & Co. KG, Göttingen, 2020, ISSN 2191-995X

SCHWERPUNKT:
WOHNEN

»UND DANN, 1969 IM FRANKFURTER WESTEND, HAT EINE HAUSEIGENTÜMERIN EIN HAUS AUS DEM 19. JAHRHUNDERT ROSA ANGESTRICHEN. UND DAS WURDE ZU EINER IKONE.«

Ξ Ein Gespräch mit Walter Siebel über das Phänomen des Wohnens

Als Heidegger sich mit dem Phänomen Wohnen beschäftigte, fragte er: Was heißt nun Bauen? Daran anlehnend möchte ich Sie zunächst ganz allgemein fragen: Was heißt nun eigentlich Wohnen?

Im Deutschen taucht das Wort Wohnen im Sinne von *sedem habere*, einen festen Ort haben, erst im Mittelhochdeutschen auf und ist somit eine ziemlich neue Begrifflichkeit. Wohnen in unserem Sinne, einen festen Ort in der Welt zu haben, beginnt wohl historisch überhaupt erst mit der Sesshaftwerdung der Menschheit, d.h. in Mesopotamien vor ca. 10.000 Jahren und in Nordeuropa erst vor 6000 Jahren. Wohnen als gesonderte Funktion eines Hauses gibt es in der deutschen Sprache erst im 15. Jahrhundert. Und es ist immer anzunehmen, dass eine soziale Tatsache in einer Gesellschaft erst dann existiert, wenn die Sprache dafür auch ein Wort gefunden hat. Übrigens gibt es das Wort Wohnraum, also die Bezeichnung eines Raumes, der nur dem Wohnen dient, in Deutschland erst seit dem 19. Jahrhundert. Diese Vorstellung von Wohnen ist also menschheitsgeschichtlich ein sehr junges Phänomen. Oder grundsätzlicher: Soziologisch lässt sich im Grunde kein ahistorischer und allgemeingültiger Begriff des Wohnens entwickeln. Max Weber hat in seinem Aufsatz zur Objektivität der Wissenschaft von der ewigen Jugendlichkeit der Soziologie geschrieben. Anders als in den Naturwissenschaften ist unser Gegenstand kein stabiler, dem in geduldiger Forschung immer näherzukommen wäre, denn er verändert sich laufend. Deswegen verbietet es sich für die Soziologie, ahistorisch, d. h. unabhängig von einer spezifischen Kultur oder Kulturepoche, gar unabhängig von schichtspezifischer Differenzierung, über Wohnen zu reden. Eine Definition des Wohnens funktioniert also nur in einem spezifischen Bezugssystem. Jenseits dieser kulturellen und epochenspezifischen Differenzierungen bliebe als allgemeiner Begriff von Wohnen lediglich das Merkmal des Schutzes vor den Unbilden der Natur. Und das unterscheidet nun das menschliche Wohnen gerade nicht von der Bärenhöhle. Wir können folglich nur idealtypisierende Begriffe von Wohnen bilden und es hochselektiv als das definieren, was es in einer bestimmten Situation, spezifisch für diese Situation auszeichnet.

Hartmut Häußermann und ich haben gemeinsam in unserer »Soziologie des Wohnens« versucht, einen Idealtypus dessen, was Wohnen in unserer heutigen Gesellschaft, sagen wir seit dem 19. Jahrhundert, ausmacht, anhand von vier Fragen zu umreißen: 1. Was geschieht, wenn man wohnt? Das ließe sich als die funktionale Dimension des Wohnens bezeichnen. 2. Welche Bedeutung hat das Wohnen für die Menschen? Dies ist die sozialpsychologische Dimension des Wohnens 3. Wer wohnt in einer Wohnung zusammen? Das wäre die soziale Dimension, mit der Wohnen definierbar würde. 4. Wie verfügt man über die Wohnung? Das ist die ökonomische Dimension.

Anhand dieser vier Fragen lässt sich ein moderner Typus des Wohnens, im Gegensatz zum vormodernen Wohnen des »ganzen Hauses«, wie Otto Brunner es beschrieben hat, bestimmen. Das moderne Wohnen ist einmal funktional definiert als ein Gegenüber zur beruflichen Arbeit. Wohnen ist im *ersten* Sinne ein Ort der Erholung und der Freizeit. *Zweitens* ist Wohnen ein Gegenüber der Öffentlichkeit. Wohnen ist ein Ort der Körperlichkeit, Intimität und Emotionalität – eben das Zentrum einer privaten Sphäre. In der sozialen Dimension ist, *drittens*, angelegt, gebunden zu sein an die familiale Lebensweise. Wenn Sie sich das *ganze Haus* im Mittelalter anschauen, war die Arbeit Grundlage des Zusammenwohnens und nicht etwa Verwandtschaft. Das moderne Wohnen ist charakterisiert durch das Wohnen in der Kleinfamilie. Und schließlich, *viertens*, ökonomisch, ist Wohnen eine Ware, die auf Märkten in der Regel durch Miete oder Kauf erworben wird. Im normativen Sinne ist das erstrebenswerte Ideal dieser Form des modernen Wohnens das Einfamilienhaus als Eigentum im Vorort einer Stadt.

Wie ist Wohnen von der Wohnung abzugrenzen?

Wie sich Wohnen nun materialisiert, in welchen Grundriss- und Bauformen, ist eine zweite Sache. Das lässt sich an den DIN-Normen des Bauens betrachten, die dem sozialen Wohnungsbau zugrunde liegen. Dort finden Sie genau das materialisiert, was ich soziologisch auszudrücken versucht habe. Die Wohnung ist ein Ort arbeitsfreien Tuns. Der größte Raum nach den DIN-Normen ist das Wohnzimmer, ein Raum, der sich einer klaren Zuordnung, was dort passiert oder passieren soll, entzieht, während alle Arbeitsfunktionen abgedrängt sind in die Küche. Die Grundrisse des Wohnens folgen der Logik, Wohnen zu inszenieren als eine von Verpflichtungen, von Arbeit, auch von den Arbeiten der Hausfrau befreite Form der Freizeit, der Kommunikation, des Sich-Erholens. Das zeigt sich sehr gut in der Hierarchie der Wohnung: Der nach Lage, Ausstattung und Größe privilegierteste Raum ist das Wohnzimmer, die Küche dagegen ist klein und in unattraktiver Position. Die klassische Familienwohnung hat dann noch Kinderzimmer mit Einzelbetten und elterliches Schlafzimmer, ebenfalls kleiner und in weniger attraktiver Lage. Hinzu kommt die Abgeschlossenheit der Wohnung als ein wesentliches Kriterium, um die private Sphäre zu sichern und vor dem Eindringen von Fremden zu schützen.

Brauchen Menschen eigentlich eine Wohnung?

Unter den heutigen Bedingungen und im materiellen Sinne keineswegs. Ich habe mir mal spaßeshalber überlegt: Ich bräuchte eigentlich nur eine Jahreskarte der Deutschen Bundesbahn. Da habe ich Sitzmöglichkeiten, die in den alten Wagen noch zu einer Liege ausziehbar waren, es gibt einen Speisewagen, eine Toilette und Waschmöglichkeiten, und das Ganze wird auch geheizt. Das heißt, es gibt Schutz vor den Unbilden der Natur und ein Minimum der Versorgung. Obendrein wäre ich nicht an einen Standort gebunden. Nur mit dem Schutz der Privatsphäre würde es etwas hapern. Es gibt keine unbedingte materielle Notwendigkeit, wohl aber eine soziale. Von einem ordentlichen Bürger wird erwartet, eine Wohnung zu haben und eine Adresse, an der er gemeldet und jederzeit erreichbar ist. Die Anerkennung als Gesellschaftsmitglied ist gebunden an eine Wohnung, die den Charakteristika des modernen Wohnens entspricht, die also abgeschlossen ist, Privatsphäre bietet, die Führung eines ordentlichen Haushalts erlaubt usw. Das alles sind Erwartungen, die sich nicht ohne Weiteres abstreifen lassen. So würde die Realisierung der Bahn-Idee wohl eher dazu führen, als etwas fragwürdige Existenz wahrgenommen zu werden. Und es würde wohl auch schwieriger, sein alltägliches Leben zu organisieren.

Verglichen mit dem *ganzen Haus* hat die Wohnung an existenzieller Bedeutung verloren. Das moderne Wohnen sichert in erster Linie eine geschützte Sphäre der Intimität, der Körperlichkeit und der Emotionalität sowie eine

Freizeit- und Konsumexistenz. Im Gegensatz zum vormodernen Wohnen ist es weitgehend bereinigt von produktiven Funktionen, und deshalb ist Wohnen heute angewiesen auf eine Stadt mit ihren sozialen und technischen Infrastrukturen, mit ihren Angeboten an Gütern und Dienstleistungen, ob nun privat oder öffentlich organisiert, die ein alltägliches Leben überhaupt erst ermöglichen. Aufgrund der heutzutage geringen minimalen Selbstversorgungsrate bedarf es also mehr als einer Wohnung, um zu überleben, nämlich der Einbindung in Märkte und Infrastrukturen als einer wesentlichen Bedingung des modernen Wohnens.

Wie würden Sie Entwicklung und Wandel des Phänomens Wohnen seit der Weimarer Republik und besonders seit 1945 in der Bundesrepublik, auch in Abgrenzung zur DDR, beschreiben? Welche wesentlichen wohnevolutionären Zäsuren setzen Sie?

Erst ein paar Worte zur Abgrenzung gegenüber dem real existierenden Sozialismus. Gegen Ende des 19. Jahrhunderts erschien August Bebels einflussreiches Werk »Die Frau und der Sozialismus«. Darin fanden sich wirklich revolutionäre Vorstellungen über ein qualitativ gänzlich anderes Wohnen als das bürgerliche. Da wurde Wohnen als minimalisierte Infrastruktur begriffen, und fast alle Wohnfunktionen sollten gesellschaftlich oder genossenschaftlich organisiert werden. Das ist eine radikale Abkehr von der Vorstellung der selbständigen Haushaltsführung durch eine Familie. Dahinter stand das Ziel, durch Vergesellschaftung der Funktionen, die eine Hausfrau normalerweise erfüllen muss, die Frauen aus ihrer repressiven Rolle zu befreien. Und das finden Sie im real existierenden Sozialismus überhaupt nicht. Der DDR-Wohnungsbau war, wie der soziale Wohnungsbau der Bundesrepublik auch, ausgerichtet auf das private, kleinfamiliale, von beruflicher Arbeit entlastete Wohnen. Was die sozialistischen Länder anders gemacht haben, betraf die Verfügung. Wohnen sollte in Form einer sozialen Infrastruktur bereitgestellt, nicht über Markt und Preise reguliert werden. Qualitativ jedoch unterschieden sich die Wohnvorstellungen im Sozialismus kaum von dem kleinbürgerlichen Ideal, das im Westen seit den 1950er und 1960er Jahren vorherrschte. Aber bereits in den 1970er Jahren begannen die Menschen – im wörtlichen und übertragenen Sinne –, aus dieser in wieder differenziertere Wohnformen auszuwandern. Die fünfziger und sechziger Jahre sind gleichsam die Taille einer Entwicklung: Früher gab es vor allem entsprechend der Schicht-, Klassen-, aber auch Berufszugehörigkeit sehr unterschiedliche Wohnformen; dann kam es zur Vereinheitlichung auf den Typus des privaten, von Arbeit befreiten, kleinfamilialen

Wohnens, der sich in dieser Zeit hierzulande durchsetzte; und jetzt erfolgt wieder eine Ausdifferenzierung – und zwar in allen zu Anfang genannten Dimensionen des Wohnens, mit Ausnahme der ökonomischen: die Verfügung über die Wohnung ist immer noch im Wesentlichen über Miete und Kauf geregelt.

Wie lässt sich Wohnen seit der Weimarer Republik entlang der beiden Pole gemeinnützig und marktliberal beschreiben, besonders bezüglich der Verschiebungen und Verlagerungen gesellschaftspolitischer Vorstellungen?

Die Weimarer Republik war das goldene Zeitalter des sozialen Wohnungsbaus. Seine Grundlage ist die Weimarer Verfassung, die ein Recht auf Wohnen postulierte. Die Weimarer Republik verfügte über einen sehr erfolgreichen, öffentlich geförderten sozialen Wohnungsbau, im Wesentlichen finanziert über die Hauszinssteuer. Ein Wohnungsbau, der aber den Idealtypus des kleinfamilialen bürgerlichen Wohnens transportierte, nicht die sozialistischen Wohnvorstellungen des 19. Jahrhunderts. Im Nationalsozialismus wurde diese Wohnform überhaupt nicht angezweifelt. Das propagierte Kleinsiedlerhaus blieb weitgehend symbolisch und wurde nur sehr vereinzelt, aber nicht massenhaft umgesetzt. In den fünfziger und sechziger Jahren kam es in der Bundesrepublik erneut zu einer Hochzeit des sozialen Wohnungsbaus – bis 1974 eine SPD-geführte Bundesregierung das Ende der Wohnungsfrage konstatierte und beschloss, den sozialen Wohnungsbau zurückzufahren. Fortan sollte die Versorgung mit Wohnungen wieder dem privaten Markt überantwortet werden, wie es vor dem Ersten Weltkrieg selbstverständlich gewesen war.

Die Weimarer Republik war auch eine hohe Zeit der Genossenschaftsgründungen. Diese sind dann im Nationalsozialismus in der Vorläuferin der Neuen Heimat zusammengefasst worden, die in der Bundesrepublik fortgeführt wurde. Im Wesentlichen wurde der Wohnungsbau jener Zeit öffentlich organisiert und subventioniert und von privaten Bauunternehmen durchgeführt. Interessant ist das Beispiel Wien, das eine sehr viel höhere Kontinuität im sozialen Wohnungsbau aufweist. Der berühmte Wiener Gemeindewohnungsbau hat in den zwanziger Jahren auch in der Produktion auf öffentliche Organisation gesetzt und diese Tradition nie unterbrochen, was dazu geführt hat, dass in Wien heute zwei Drittel des Wohnungsbestandes entweder in genossenschaftlicher, gemeinnütziger oder kommunaler Hand sind. Dadurch kann die Stadt Wien den Wachstumsdruck seit der Jahrtausendwende besser bewältigen als Berlin – neben Dresden die einzige Stadt, die ihren kommunalen Wohnungsbau privatisiert hat.

Ein Aspekt, der das soziale und/oder genossenschaftliche Wohnen betrifft, schließt sich unmittelbar an: Auf wen zielte der soziale Wohnungsbau ab? Was ist die Idee sozialen Wohnens? Und wie steht es um dessen Einlösung?

Es ist der Versuch einer Antwort auf die Gerechtigkeitsseite der Wohnungsfrage, die Frage nach der Versorgung der unteren Schichten mit menschenwürdigen Wohnungen, weil der Wohnungsmarkt eine für menschenwürdig gehaltene Wohnung nur zu Preisen zur Verfügung stellt, die ein Großteil der Bevölkerung nicht bezahlen kann. Das genossenschaftliche Wohnen hat dabei mehrere Aspekte: Das eine ist ein beschränktes Kollektiveigentum der Genossen, teilweise auch ihre Beteiligung an der Produktion, und durchaus – das ist im Wiener Gemeindewohnungsbau noch sehr viel ausgeprägter – Versuche, bestimmte Haushaltsfunktionen gemeinschaftlich zu organisieren. Der Wiener Gemeindewohnungsbau hat anfangs auch das Baden und das Waschen der Wäsche und Ähnliches gemeinschaftlich, außerhalb der einzelnen Wohnungen organisiert. Aber das ist im Laufe der Zeit immer stärker zurückgegangen. Genossenschaftliches Wohnen ist also auch – zumindest in Ansätzen – ein anderes Wohnen (teilweise Vergemeinschaftung von Wohnfunktionen), ein anderes Produzieren (teilweise Mobilisierung von Selbsthilfe) und vor allem eine andere Form der Verfügung jenseits von Privateigentum und Markt.

Wenn wir heutige Wohnverhältnisse bewerten wollen, lassen sich – mit Blick auf kulturelle, milieuspezifische und individuelle Unterschiede in Geschmack und Präferenzen – überhaupt allgemeine Kriterien ausmachen, an denen sich »das gute Wohnen« bemisst?

Da kann ich sehr schlicht antworten. Das *Erste* und Wichtigste: Es muss bezahlbar sein. *Zweitens* braucht es eine abgeschlossene private Sphäre und, *drittens*, die Möglichkeit der selbständigen Haushaltsführung, wozu Toilette, Bad und Küche gehören. *Viertens* braucht es ein Zimmer pro Person. Um 1900 wurde Wohnungsnot statistisch definiert ab sechs Personen pro heizbarem Zimmer; bei uns fängt die statistisch registrierte Wohnungsnot an, wenn mehr Personen als Zimmer in einer Wohnung vorhanden sind. Und *fünftens*, das hatten wir schon kurz angesprochen, gibt es den »Vergabehaushalt«, womit gemeint ist, dass der Haushalt, der in einer Wohnung lebt, sein Leben nur organisieren kann auf der Basis des Eingebundenseins in eine außerordentlich komplexe, weitverzweigte technische und soziale Infrastruktur, die z. B. Kanalisation, Wasser- und Energieversorgung, aber auch die sozialen Infrastrukturen: Krankenhäuser, Kitas, Schulen, Kindergärten, Spielplätze usw. umfasst. Dazu gehört auch ein hochdifferenziertes Angebot

privat oder öffentlich organisierter Güter und Dienstleistungen für den täglichen und den langfristigen Bedarf. Das heißt, diese Art des Wohnens wäre ohne eine funktionierende Stadt gar nicht denkbar. Und schließlich gehören dazu neben der sozialen und technischen Infrastruktur sowie funktionierenden Versorgungsmärkten auch bestimmte Standards der Umweltqualität im engeren Sinne, also Luftreinheit, keine Lärmbelästigung und Ähnliches. Das sind keine utopischen Kriterien, sondern im allgemeinen Bewusstsein, in Bauvorschriften und Förderrichtlinien festgelegte Ansprüche, die gewährleistet sein müssen, damit heute Wohnen möglich ist.

Wie beobachten Sie gegenwärtig die urbanen Entwicklungstrends – die Rede ist oft von Reurbanisierung – vor dem Hintergrund der hier zentralen Fragen des Wohnens? Was passiert derzeit mit der Stadt?

Mit dem Stichwort der Reurbanisierung sind, schlagwortartig, drei Trends gemeint: Der *erste* ist die Reurbanisierung der Arbeit. Die Industriegesellschaft hat Arbeit schon allein aus Platzgründen, aber auch aus Gründen der Umweltbelastung, der An- und Auslieferung von Gütern und Waren weitgehend außerhalb des Zusammenhangs der europäischen Stadt organisiert. Es waren harte Konflikte zwischen industrieller Arbeit und Wohnen. Rein physisch: Sie können das VW-Werk, wegen der Raumansprüche, der Umweltbelastung und der damit verbundenen Konflikte, nicht in die Struktur einer europäischen Stadt integrieren. Das ist anders in der Dienstleistungs- und Wissensgesellschaft. Mit diesem Strukturwandel der Gesellschaft entstehen Betriebsgrößen und Arbeitsformen, die sehr viel verträglicher sind mit anderen städtischen Funktionen. Und zudem sind diese auch stärker darauf angewiesen, innerhalb eines urbanen Zusammenhangs verortet zu sein. Das gilt für viele Dienstleistungen, aber auch für die Arbeitsplätze der Wissensgesellschaft, die abhängig sind von einem urbanen, anregenden Milieu und – weil sie stark projektförmig arbeiten – der Nähe zu Kooperationspartnern. Deswegen erleben wir, dass vor allem die Kernstädte zunehmend bevorzugte Orte für die heute expandierenden, anspruchsvollen und vor allem attraktiven Arbeitsplätze sind.

Der *zweite* Trend ist die Reurbanisierung durch Zuwanderung. Zuwanderung ist immer auf die großen Städte gerichtet. Das hat viele Gründe. Ein zentraler betrifft die Arbeitsmärkte. So sind dort die für Zuwanderer zunächst leichter erreichbaren, weil geringere Qualifikationen voraussetzenden Arbeitsplätze in den personenbezogenen Dienstleistungen zu finden. Dann: Die große Stadt ist immer auch ein Ort, an dem Fremde leben; die urbane Lebensweise ist darauf ausgerichtet, das Zusammenleben von Fremden zu erleichtern, vor allem durch Distanz. Das heißt, der Zuwanderer unterliegt nicht so vielen scheelen Blicken, wie er es auf dem Dorfplatz erleben würde. Und dann haben wir noch das Phänomen der Kettenwanderung: Auch die Deutschen sind in den USA erst einmal nach *Little Germany* gezogen, dahin, wo schon ein Stück Heimat, vertraute Umgebung und Landsleute vorzufinden waren, und das war zunächst in den großen Städten. Zuwanderung stärkt deshalb zunächst die großen Städte.

Der *dritte* Trend ist der Wandel der Frauenrolle. In dem Maße, in dem auch Frauen sich zunehmend über ihre berufliche Arbeit definieren, wächst der Bedarf der Entlastung von Hausarbeit. Neben dem Verzicht auf Kinder – den wir ja auch beobachten – ist einer der wichtigsten Wege, das zu erreichen, das Leben in der modernen Dienstleistungsstadt, die sich beschreiben lässt als eine Form der Vergesellschaftung von Hausarbeit. Alles, was früher innerhalb eines Haushalts erledigt wurde, findet man marktförmig oder staatsförmig organisiert in modernen Städten. Wer über genügend Geld verfügt, etwa einen gut bezahlten Arbeitsplatz in der Wissensökonomie hat, braucht praktisch keine Küche, müsste auch nicht selber putzen, waschen usw. Und, in großer Distanz zu den innerstädtischen Arbeitsmärkten der Wissens- und Dienstleistungsökonomie zu wohnen, kann schnell auch zeitlich wie geldlich zu teuer werden. Der Wandel der Rolle der Frau und flexibilisierte und individualisierte Arbeitszeiten führen also zu vermehrter Nachfrage nach den Innenstädten als Ort von Wohnen und Arbeiten.

Nun stehen verschiedene Wohnformen auch für verschiedene Lebensformen. Laut Rahel Jaeggi ist eine Lebensform »unbewohnbar«, wenn sie den mit ihr selbst gesetzten Zweck nicht mehr erfüllen kann. Halten sie das klassische Einfamilienhaus am Stadtrand – hinsichtlich demographischer und gesellschaftlicher Veränderungen – für ein solches, nicht mehr zeitgemäßes Konzept?

Der Typus des kleinfamilialen Wohnens – so oft und begründet er infrage gestellt wird – verschwindet ganz sicher nicht, auch weiterhin drängen junge Familien mit kleinen Kindern in das Haus mit Garten am Stadtrand. Aber die Dominanz dieses Wohnmodells als – auch im normativen Sinne – idealer Typus des Wohnens im Einfamilienhaus (ein sehr sprechender Name) und im Eigenheim wird verschwinden. Und dafür gibt es gute Gründe: Einmal verliert diese Lebensweise ihre *soziale Basis*, und zwar absolut und relativ.

Relativ, weil die familiale Phase, die Zeit im eigenen Lebenslauf, die man in den klassischen Konstellationen von Eltern und Kindern in einer Wohnung verbringt, relativ zur insgesamt immer längeren Lebenszeit kürzer wird. Auch wird der Zeitraum vom Ende der Kindheit bis zur Gründung einer eigenen Familie und dem Berufseinstieg, die sog. Phase der Postadoleszenz, immer länger. Andererseits wird auch die Phase des leeren Nestes aufgrund der Verlängerung der Lebenszeit immer länger. Und dann haben wir noch das Phänomen der neuen Haushaltstypen: Wohngemeinschaften, Alleinerziehende, unverheiratet zusammenlebende Paare, *living apart together* (das Getrenntleben in festen Beziehungen), multilokales Wohnen – die Ferienwohnung auf Mallorca, aber auch die Zweitwohnung, wo man arbeitet. All das sind zunehmende Phänomene. Das gilt besonders für das Alleinwohnen, das Single-Dasein. Teilweise sind die Zahlen, die wir dazu haben, ein statistisches Artefakt. Aber 1964 waren fast fünfzig Prozent der deutschen Haushalte solche mit drei oder mehr Personen – die klassische Familie, der Anteil der Singlehaushalte betrug nur 25 Prozent. Im Jahr 2018 hat sich das Verhältnis genau umgekehrt. Nur noch ein knappes Viertel aller Haushalte stellt heute noch der klassische Familienhaushalt dar.

Die soziale Basis des modernen Wohnens verliert aber auch absolut an Bedeutung, denn viele gehen diese familiale Phase gar nicht mehr ein.

Auch die *ökonomische Basis* dieser Lebensform, Stichwort Eigenheim, erodiert, denn Eigentumsbildung im Wohnbereich braucht stetiges Einkommen als Basis für die Kreditwürdigkeit eines Haushalts, weshalb Beamtenhaushalte die höchste Eigentumsquote aufweisen. Angesichts der Veränderungen auf dem Arbeitsmarkt werden verlässlich über Jahrzehnte kalkulierbare Einkommen seltener.

Und schließlich, wir sprachen davon, ändern sich die *zeitlichen Strukturen*, in denen der eigene Alltag organisiert ist. Das Leben in Suburbia, entfernt vom Arbeitsmarkt, setzt feste Arbeitszeiten mit klarem Anfang und klarem Ende voraus. Wenn sich aber mit der Flexibilisierung der Arbeitswelt die Trennung von Arbeits- und Freizeit zunehmend auflöst, verschwindet auch diese Voraussetzung der klassischen Wohnform.

Das kleinfamiliale Wohnen verliert also seine soziale und ökonomische Basis. Wie verändert sich das Wohnen durch die gesellschaftlichen Veränderungen auf funktionaler Ebene?

Die erwähnte Entgrenzung von Arbeit und Freizeit vollzieht sich auf zeitlicher und räumlicher Ebene – das ist durch Corona nochmal besonders in den Vordergrund gerückt. Wohnen wird (wieder) mehr zum Ort von Arbeit, vor allem von berufsbezogener Arbeit, wozu auch Aus- und Fortbildung zählen. Was bedeutet das für die Zukunft? Die Flächenansprüche an Wohnung dürften sich erweitern, weil Schulkinder wie Erwachsene Arbeitszimmer brauchen. Das bedeutet aber auch die Infragestellung der Wohnung als Ort geschützter Privatsphäre. Die Wohnung wird technisch mit dem Büro verbunden, im Zuge der Durchsetzung von *Smart Homes,* vollgestopft mit intelligenten Haushalts- und Kinderspielgeräten, die riesige Datenmengen aus der Privatsphäre saugen. Fernseher, Computer und andere Geräte haben kleine Augen, Spielgeräte können Gesichter erkennen, Sprache wahrnehmen und all das prinzipiell auch nach außen weiterliefern. In dem Maße, in dem etwa Unternehmen oder Geheimdienste ein Interesse daran haben, geschieht das ja bereits. Die private Sphäre ist heute keineswegs mehr durch Schlösser, Türen und Vorhänge zu sichern.

Was bedeutet das Verschwimmen von Privat und Öffentlich für die sozialpsychologische Konstitution eines Wohnenden?

Man muss die Ambivalenz dieser Entwicklungen betonen. Es gibt zunächst einmal große mögliche Gewinne. Die strikte zeitliche und räumliche Trennung von Arbeit und Freizeit, die Polarisierung des ganzen Alltags ist auch ein festes Korsett, das das Individuum einschnürt. Dem Einzelnen wird die inhaltliche und zeitliche Struktur seines Alltagslebens vorgegeben. Im Pariser Mai gab es den Slogan »Métro, boulot, dodo« (»Pendeln, Malochen, Pennen«) gegen diese fordistische Organisation des Alltags. Die parallelen Veränderungen auf dem Arbeitsmarkt, im Wohnbereich und im Alltagsverhalten, die angesprochenen Tendenzen der Rückverlagerung von beruflicher Arbeit in die Wohnung und das Verschwimmen der Grenzen von Freizeit und Arbeit können auch als Chance zu einer neuen Einheit des Alltags begriffen werden – und zwar eines selbstbestimmten; das Subjekt entscheidet darüber, wann und wo es etwas tut und lässt. Als Hochschullehrer kann ich diese Einheit des Alltags leben. Ich kann weitgehend darüber bestimmen, was ich mache, wo ich es mache und wann ich es mache. Das ist ein Privileg. Es eröffnet sich also objektiv die Chance einer selbstbestimmten neuen Einheit des Alltags.

Im vormodernen bäuerlichen Leben gab es diese Einheit auch, allerdings unter Bedingungen von extremer Knappheit, Armut und nicht beherrschter Natur. Heute bringen die Anforderungen der Berufswelt die Gefahr der Überwältigung, der Kolonialisierung der freien Zeit, auch des Wohnens und des Familienlebens mit sich. Flexibilisierung und Entgrenzung bergen die Gefahr, dass die beruflichen Anforderungen und deren Rationalitätspostulate unentrinnbar werden: Selbstbestimmt definierte Arbeit kann auch heißen, immer höheren Standards genügen und immer noch mehr und noch besser arbeiten zu müssen, sodass für verpflichtungsfreies Tun und wirkliche Freizeit kaum Gelegenheiten bleiben. Der *Feierabend* verschwindet. Der immerhin war dem Arbeiter am Fließband, an dem Henry Ford das T-Modell produzieren ließ, abends und sonntags gewiss. Diese Form der, mit Habermas gesprochen, Kolonialisierung der Lebenswelt durch berufliche Anforderungen, birgt gerade unter Bedingungen prekärer Arbeitsverhältnisse und angesichts der gegebenen Machtverhältnisse zwischen Arbeit und Kapital die Gefahr, dass nicht das Subjekt über diese Einheit des Alltags bestimmt, sondern die berufliche Arbeit die nicht beruflichen Tätigkeiten zunehmend an den Rand drängt und überwältigt.

Dies gilt auch für die Ambivalenz sich wandelnder Rollenbilder. Im 19. Jahrhundert beruhte die Rolle der Hausfrau auf ungleicher Verteilung von Arbeitschancen zwischen den Geschlechtern und die des *Rentiers* auf Herrschaft, mithin auch auf Zwang und Repression. Aber beide galten als anerkannte Existenzmöglichkeiten, die nicht dem Primat beruflicher Rationalität unterworfen waren. Die Orte, Zeiten und Rollen, in denen zumindest die Idee eines Lebens jenseits des Zwangs zur Arbeit bewahrt ist, jene Elemente, die auch immer einen Vorgriff auf etwas Besseres, Selbstbestimmtes enthalten können, werden zunehmend an den Rand gedrängt – und das in einer Situation, in der die Chancen, anders zu leben, objektiv größer geworden sind.

In welchem Entwicklungsverhältnis sehen Sie städtisches und ländliches Wohnen zueinander? Und was prognostizieren Sie für dieses Verhältnis?

Zunächst, im Weltmaßstab haben wir einen ungebrochen hochdynamischen Prozess der *Verstädterung*. 1950 gab es auf der Welt zweieinhalb Milliarden Menschen und siebzig Prozent davon war Landbevölkerung. Nach einer Prognose der UNO werden 2050, hundert Jahre später, neun Milliarden Menschen auf der Welt leben und siebzig Prozent davon in den Städten. Bei einer Verdrei- bis Vervierfachung der Weltbevölkerung kehrt sich zugleich das Stadt-Land-Verhältnis um, die Dynamik ist atemberaubend.

Heruntergebrochen auf die Bundesrepublik ist zu konstatieren, dass die Stadt-Land-Differenz sich historisch stark gewandelt hat. Bedeutete Land im Mittelalter Selbstversorgung im ganzen Haus, feudalistische Herrschaftsstrukturen und nicht marktförmige Ökonomie, hieß Stadtgesellschaft marktförmig organisierte Ökonomie und Frühform demokratischer Selbstverwaltung. In diesem sozial tiefgreifenden Sinne gibt es heute keinen Gegensatz zwischen Stadt und Land. Marktwirtschaft, Demokratie, Bürokratisierung finden Sie überall. Und mit der Industrialisierung der Landwirtschaft und einer Vielzahl mittelständischer Unternehmen, die in ländlich strukturierten Regionen hoch erfolgreich sind, schwinden auch die Unterschiede in der Art und Weise der Arbeit.

Womöglich informativer als die Stadt-Land-Differenz ist wohl die quer dazu liegende Unterscheidung zwischen strukturschwachen und prosperierenden Regionen. Es gibt strukturschwache ländliche Regionen mit hoher Abwanderung als Folge und es gibt strukturschwache hochorganisierte Regionen - ein Beispiel ist das Ruhrgebiet. Und es gibt im klassischen Sinne strukturschwache ländliche Regionen, die hochproblematisch sind, vor allem in Randgebieten von Niedersachsen, Bayern, Rheinland-Pfalz und in den östlichen Bundesländern. Seit der Wende gibt es eine massive Land-Stadt-Wanderung, die zugleich für lange Zeit eine massive Wanderung von Ost nach West war. Dies verschärft Probleme in den Abwanderungsgebieten: Es gibt immer weniger Menschen, die immer älter und im Durchschnitt immer weniger qualifiziert und kaufkräftig sind, mit Folgen für die Versorgung mit Infrastruktur, etwa des Gesundheitswesens, der Schulen, des Verkehrs. Dadurch verliert das Land etwa für die Ansiedlung von Arbeitsplätzen an Attraktivität, vor allem auch wegen der hohen sozialen Selektivität bei der Wanderung. Wandern tut, wer wandern kann und wandern will - die jungen, die beweglichen, die bildungsorientierten Menschen, mehr Frauen als Männer - und nur selten kehren diese etwa zurück aus Universitätsstädten. Das wird dazu führen, dass Mitte der 2020er Jahre eine Großzahl der neu zu besetzenden Landarztpraxen vakant bleibt. Wenn Sie sich jetzt einen 30-jährigen Mann, relativ gering qualifiziert, auf einem Dorf mit wenig Beschäftigungsmöglichkeiten und nur wenigen dort verbliebenen Frauen, vorstellen - dann stehen die Chancen auf gesellschaftliche Normalität, nämlich Beruf, Frau und Kinder zu haben, dort viel schlechter. Was bleibt viel übrig, um Selbstbewusstsein zu entwickeln, als der Stolz darauf, Deutscher zu sein? In den ostdeutschen Bundesländern ist das stellenweise in einer bemerkenswerten Zuspitzung zu beobachten.

Sie haben einmal gesagt, mit der Zuwanderung in die Stadt sei immer ein Befreiungsgedanke verbunden. Urbanem Wohnen aber werden nicht nur positive Effekte zugeschrieben. Ist die Entscheidung für die Stadt also nicht vielmehr durch Gelegenheitsstrukturen zu begründen?

Der US-amerikanische Ökonom Richard Florida sagt, dass die hochqualifizierten Arbeitskräfte sogar bereit sind, auf Einkommen zu verzichten, um sich in urbanen Milieus niederlassen zu können, weshalb die Arbeitgeber, die auf diese hochqualifizierten jungen und urban orientierten Arbeitskräfte angewiesen sind, auch jenseits der genannten Gründe gezwungen sind, sich in den Städten anzusiedeln. Da ist sicher etwas dran. Wir sprachen ja bereits über die Reurbanisierung von Arbeit. Ich neige nur dazu, die materiellen und objektiven ökonomischen Faktoren als etwas gewichtiger einzuschätzen als die kulturellen.

Bei Migranten ist meist nicht das urbane Milieu, sondern zunächst die Nähe zu dort wohnenden Landsleuten wichtig, das Dorf in der Stadt sozusagen als ein Brückenkopf der eigenen Heimat in der Fremde. Und ich komme noch einmal auf die Emanzipation der Frau zurück: Die ist ohne Stadtmaschine nicht denkbar. Eine Frau, die Kinder hat, kann sich nicht voll auf ihren Beruf konzentrieren, wenn es keine Kita und keine Ganztagsschule gibt; die eben häufiger in den Städten zu finden sind. Zudem gibt es dort billige, meist weibliche, zugewanderte Arbeitskräfte, die ihr die gesamte Haushaltsarbeit abnehmen. Trotzdem spielt das urbane Milieu jenseits dieser handfesten Gründe eine Rolle – ohne Zweifel. Ich halte es nur nicht für dominant.

Und doch bietet städtisches Wohnen auch Möglichkeiten der Selbstinszenierung. Hartmut Rosa begründet die Attraktivität städtischen Wohnens u. a. mit der zwanghaften Orientierung, möglichst viel Welt in Reichweite zu bringen. Hiernach liegt städtischem Leben ein Resonanzversprechen zugrunde, das sich aber unter den Zwängen ständiger Beschleunigung, Steigerung und Innovierung in Entfremdung verkehren kann. Auf der anderen Seite steht dem Idealtypus des jungen dynamischen Berliners der Depravierte gegenüber, dem es nicht um Performanz, sondern um ökonomische Notwendigkeiten geht. Wie ist diese Auseinanderentwicklung zu denken?

Ich stimme Hartmut Rosa zu. Die Hoffnungen, die viele mit der Umsiedlung in die Stadt – oder vielmehr dem Verbleiben im urbanen Milieu nach dem Studium – verbinden, bleiben aufgrund der Tendenzen, die wir bereits als Gefahr thematisiert haben, oftmals unerfüllt: nämlich die Überwältigung, das An-den-Rand-Drängen durch berufliche Anforderungen, sodass praktisch keine Zeit mehr bleibt, um genießen und erleben zu können, was man sich von der Einbindung in das urbane Milieu versprochen hat. Insofern können Beschleunigung und die Steigerung beruflicher Anforderungen solche Hoffnungen konterkarieren. Wir sollten aber noch grundsätzlicher über Urbanität reden, indem wir ihre Ambivalenz stärker herausarbeiten. Gerade das, was an der Stadt immerzu kritisiert und unter Atomisierung und Entfremdung gefasst wird, ist gleichsam die Voraussetzung für die urbanen Verheißungen. Robert Ezra Park hat einmal geschrieben, in der großen Stadt müsse man nur eine Straße überqueren, um ein neues Leben zu beginnen. In einem Flickenteppich von unterschiedlichen Milieus kann ich also sinnbildlich eine Straßenbreite entfernt neu anfangen. Als Hermännchen in der Heimat-Trilogie von Edgar Reitz nach München zieht, glaubt auch er, hier könne er sich neu erfinden, weil ihn dort niemand kenne, der sagt: »Du bist doch ...«. Gerade in der Anonymität, der Einsamkeit, der Isolation steckt also auch die ungeheure Chance, nicht an die alte Identität gebunden zu sein, nicht von Nachbarn und Verwandten auf den rechten Pfad zurückgerufen zu werden. Das ermöglicht abweichendes Verhalten und damit immer auch Individuierung. Die andere Seite der Anonymität, der – in Simmels Worten – Blasiertheit, Gleichgültigkeit, Distanziertheit ist also die Abwesenheit sozialer Kontrolle, wie sie im Dorf alltäglich ist. Das ist die negative Voraussetzung für die Chance, anders zu sein und damit eine entscheidende Bedingung der Hoffnungen und Versprechen urbanen Lebens. Die positive Voraussetzung von Individualisierung und Freiheit ist die Fülle von unterschiedlichen Lebenswirklichkeiten, die die Stadt bietet. Wenn ich in einem Milieu genügend Leute meinesgleichen finde, habe ich auch eine Basis für die Entwicklung einer Infrastruktur, die ich für eine entsprechende Lebensweise brauche; dies gilt auch für unterschiedlichste Berufsrollen.

Die Stadt als ein Ort des Fremden, wie ich Stadt definiere, ist deswegen auch bevorzugtes Ziel von Zuwanderung, weil die urbane Lebensweise den anderen leben lässt, wie er lebt. Welcher Religion er angehört, wie er sich kleidet, wie er ist – jeder kann nach seiner Façon selig werden, weil die anderen sich nicht um ihn kümmern. Das ist zugleich eine Voraussetzung für die hohe Integrationsfähigkeit von Städten.

Ein Äquivalent zur Ambivalenz von Isolation und Freiheit, von Vereinsamung und Selbsterfindung, die wir in der urbanen Stadt beobachten, gibt es auch im ländlichen Leben. Dürkheim hat beschrieben, welchen vielfältigen sozialen Kontrollen das Leben im engen sozialen Geflecht der Kleinstadt oder des Dorfes unterworfen ist. Zugleich wird das Landleben vielfach verherrlicht – bisweilen zu Recht. Schließlich bedeutet Land auch ein Stück Heimat, in einem Ort gekannt und wiedererkannt zu werden, vertraute Menschen zu treffen und sich geborgen zu fühlen in einer überschaubaren, ungefährlichen Umwelt. Das ist das Versprechen des Dorfes.

Progressives Leben heißt also städtisches Leben?

Ich glaube, dass die Affinität zu reaktiven Ideologien häufig eine Form der Verarbeitung von Verlusterfahrung ist. Eine heile Welt geht verloren – und umso verzweifelter und unbeweglicher wird sich daran geklammert. Auch Formen der Dogmatisierung des muslimischen Glaubens und der Rückzug auf eine eigene Herkunftsidentität treten hier im Zuwanderungsland häufig als Reaktion auf versagte Integrationshoffnung auf. Und dass reaktionäre Bewegungen in ländlichen Regionen sehr erfolgreich sein können, lässt sich, so meine ich, zu einem Großteil erklären durch diese Form von Abstiegserfahrung und das Gefühl, in seiner gewohnten Identität bedroht zu sein. Wenn diese nicht bedroht ist, gibt es nicht viel Anlass, dies gleichsam regressiv zu verarbeiten. Was aber schon hohl geworden ist, kann dogmatisiert, verhärtet und repressiv werden. Jedoch ist Land heute ebenso unterschiedlich wie Stadt. Es gibt hoch kompetitive ländliche Regionen mit vielen berühmten *Hidden Champions.* Weltmarktführer des deutschen Mittelstandes sitzen sehr oft in ländlichen Regionen, Klein- und Mittelstädten, keineswegs nur in den Großstädten.

In unseren bisherigen Betrachtungen herrscht ein deduktiver Zugang zum Wohnen vor: Die Art und Weise, wie gewohnt wird, lässt sich so im Lichte objektiver gesellschaftlicher Veränderungen beschreiben. Inwieweit ist aber das Wohnen selbst ein Ort, an dem andere Entwürfe des Lebens gedacht werden?

Es gibt ja den Spruch: Wenn du wissen willst, wer ich bin, musst du dir ansehen, wie ich wohne. Diese Hoffnung, sich in der eigenen Wohnung als eigenständiges autonomes Individuum zur Geltung bringen zu können, ist sicher ein ganz wesentliches Moment – gerade in dem Maße, in dem es in der beruflichen Arbeit nicht möglich ist. Doch Habermas hat schon Anfang der 1960er Jahre darauf hingewiesen, dass das Verhältnis von Arbeit und Freizeit empirisch leider nicht dahingehend gestaltet ist, in der freien Zeit gleichsam die Verluste an Autonomie und Qualifikation zu kompensieren. Würde dies zutreffen, müsste der Fließbandarbeiter eine besonders elaborierte Freizeit haben. Dem ist aber nicht so, wir haben es eher mit einem *Spill-over*-Effekt zu tun: Arbeit wiederholt sich auch in der Freizeit durch ähnlich repetitive Verhaltensweisen. Das ist ein empirisches Argument, was aber nicht dazu berechtigt, Menschen abzusprechen, in der eigenen Wohnung wirklich bei sich zu sein. Solange es diesen Anspruch gibt – und es gibt ihn, egal wie er sich ausdrückt –, liegt darin auch kritisches Potenzial, selbst wenn er aus ökonomischen Gründen, Erschöpfung oder anderen Gründen nicht realisierbar ist.

An der Veränderung der Küche zeigt sich viel davon. Die Architektur-Avantgarde des Neuen Bauens hatte in den 1920er Jahren ein Feindbild: die Wohnküche. Das Gewusel, das Durcheinander galt als irrational und schmuddelig. Es sollte deshalb beseitigt werden zugunsten des rationalen, hoch produktiven und effizienten, zudem billigeren und professionelleren Gegenbildes der fordistischen Fabrik. Die Architektin Margarete Schütte-Lihotzky hat sich daran orientiert, als sie 1926 die berühmte Frankfurter Küche entworfen hat. Sie analysierte entsprechend den Prinzipien Taylors zur Rationalisierung der industriellen Arbeit mit Stoppuhr und Zentimetermaß die Bewegungsabläufe einer mittelgroßen Hausfrau, zerlegte diese in kleinste Handlungen und setzte sie neu zusammen, sodass sie zeit- und kraftsparender erledigt wurden. Daraus entwarf sie eine Küche von sechseinhalb Quadratmetern. Dort konnte das, was die Frau zu tun hatte, nämlich Kochen, Waschen, Bügeln und andere Hausarbeiten, viel effizienter erledigt werden, aber Wohnen als vermischtes, gekoppeltes Tun war hiermit nicht mehr möglich. In dieser Küche konnte sich kein Familienangehöriger aufhalten. Und zugleich wurde damit die Hausfrauenrolle festgeschrieben. Emanzipation fand – hoch eindimensional – durch Rationalisierung statt. Es war eine Befreiung von Arbeit bei gleichzeitiger Festschreibung der Hausfrauenrolle. Die Arbeitsküche wurde schließlich auch zum Standard im sozialen Wohnungsbau, wenn auch nicht in dieser extremen räumlichen Verknappung. Heute dagegen ist das Ideal wieder die Wohnküche: ein großer Raum, in dessen Mitte der Herd als eine Art Bühne steht, auf der Kochkunst inszeniert wird – mit einem Mal auch durch die Männer. Im Vordergrund steht nicht mehr Nahrungsmittelzubereitung als Arbeitsfunktion, sondern das Zelebrieren kreativer Kochkunst *coram publico.*

In beiden Idealen, der industriellen Rationalisierung im Sinne der Erleichterung von Arbeitstätigkeiten ebenso wie in der inszenierten Befreiung von der Notwendigkeit, selbst zu kochen, drückt sich der Wunsch aus, Arbeitslast zu verringern – im ersten Fall durch eine stückweite Befreiung von Arbeit auf dem fordistischen Weg der Produktivitätssteigerung, im zweiten Fall durch eine objektive Befreiung von Notwendigkeiten, zumindest für Wohlhabende. In dieser doppelten Perspektive bietet der Wandel von Grundrissen sprechendes Material: Was in den zwanziger Jahren Feindbild von Architekturavantgarde und Wohnungsreformern war, ist heute gleichsam ein Kernstück der Inszenierung von Wohnen geworden. Dasselbe räumliche Arrangement, die Wohnküche, hat im Zuge der Veränderung des sozialen und politischen Kontextes einen neuen sozialen Sinn erhalten.

In welchem Verhältnis befinden sich nun gebaute Umwelt und soziales Wohnen, architektonischer Gestaltungswille und der notwendige Anspruch gesellschaftlichen Miteinanders zueinander?

Wir haben ja am Beispiel der Wohnküche und ihrer heutigen Wiederauferstehung bemerkt, wie interpretationsfähig und -bedürftig räumliche Strukturen sind. Dasselbe können Sie sich auch bei der Umwertung des Wohnungsbaus aus dem 19. Jahrhunderts vorstellen. Es gab in den 1950er und 1960er Jahren Zuschüsse dafür, Putten, Pilaster und Bänke von den Fassaden abzuschlagen, um Häusern der Jahrhundertwende durch diese *Entstuckung* etwas von der Kargheit des Neuen Bauens zu verleihen. Und dann, 1969 im

Frankfurter Westend, hat eine Hauseigentümerin ein Haus aus dem 19. Jahrhundert rosa angestrichen. Und das wurde zu einer Ikone. Auf einmal galt die Wohnsubstanz des 19. Jahrhundert als attraktiv und aufwertbar. Und so wichen Flächensanierung und neuer Wohnungsbau am Stadtrand den Bemühungen um Erhalt und Aufwertung der innerstädtischen Wohnungen.

Das sind gewiss auch modische Erscheinungen, aber auch die Grundrissqualität zeitigte Effekte. Die Grundrisse des sozialen Wohnungsbaus sind sehr stark hierarchisiert, der Wohnraum als Ort von Erholung und Freizeit dominiert Arbeits- und Individualräume. Und diese strikt hierarchisierten Räume sind z. B. für Wohngemeinschaften äußerst unpassend. Wie will ich die aufteilten? Dasselbe Problem stellt sich mit der Auflösung der strikten Arbeitsteilung zwischen Mann und Frau oder mit der Aufwertung der Rolle von Kindern. Die Hierarchisierung nach Lage, Größe, Ausstattung und anderen Qualitätsmerkmalen der einzelnen Räume ist immer weniger mit der modernen Lebensweise verträglich. Die Altbauwohnungen des 19. Jahrhunderts haben im Gegensatz dazu oft relativ neutrale Grundrisse. Und damit sind sie womöglich auch eine, wenngleich weiterhin begrenzte Antwort auf den Widerspruch zwischen der Immobilität der Wohnbausubstanz und der hohen Mobilität der Lebensweisen und deren Anforderungen.

Wie lässt sich dieser Widerspruch auflösen? Es gibt *einmal* das liberale Ideal: ein Wohnungsmarkt, der für die verschiedensten Wohnformen jederzeit ein zugängliches, verfügbares, bezahlbares, entsprechend differenziertes Angebot bereithält. Das kann der Wohnungsmarkt aber nicht, jedenfalls nicht in einer für die Mehrheit bezahlbaren Weise. Dann gibt es die *zweite*, technische Lösung mittels zu verschiebender Wände. Das aber zeitigt der hohen Kosten wegen ebenso ökonomische wie auch soziale Grenzen. Schließlich müsste mein alleinlebender Nachbar gegebenenfalls bereit sein, mir im Falle des erhöhten Platzbedarfs, etwa weil ich für mein Home-Office ein Arbeitszimmer brauche, ein Zimmer abzugeben, indem wir die Wand zwischen uns verschieben. Eine *dritte* Antwort auf die Diskrepanz zwischen stabiler Bausubstanz und sich wandelnden Anforderungen hat ein befreundeter Architekt mir einmal gegeben: Das Wandlungsfähigste, was es gibt, sei eine große Wohnung mit nichttragenden Wänden und ein Vorschlaghammer. Dann habe ich Platz und kann, da mir alles gehört, machen was ich will. Das ist aber nur für die Wohlhabenden mit Eigenheim eine Lösung. Was bleibt dann eigentlich noch?

Es bleibt, um auf die Frage zurückzukommen, dass wir eine große Distanz zwischen der gebauten Umwelt und dem sozialen Leben, das sich darin abspielt, akzeptieren und sogar fordern müssen. Das hieße z. B.: neutralere Grundrisse. Beim sozialen Wohnungsbau wurde ein zu statischer Zugang gewählt, man glaubte zu wissen, wie in den nächsten hundert Jahren richtiges Wohnen aussieht. Architektur aber sollte sich, gerade auch wegen der Veränderlichkeit der Anforderungen, nicht exakt an gegenwärtige Wohnideale anpassen. Vielmehr muss im Verhältnis von Architektur und Soziologie des Wohnens vor allem diese Distanz betont werden. Und natürlich braucht es auch leichtere Umbaubarkeit, um der Flexibilität von Wohnidealen Rechnung zu tragen – nichttragende Wände und keine fest eingebauten Leitungen, wie es etwa bei der berühmten Plattenbauweise WBS 70 der Fall ist. Eine größere Distanz, neutrale Grundrisse, Umbauvorkehrungen für späteres Umbauen – all das sind Forderungen an die Architektur gegenüber sich verändernden Wohnverhaltens.

*In der jüngeren Vergangenheit sind verstärkt öffentliche Regulierungsansätze wie die Mietpreisbremse und gegenöffentliche Protest- und Mieter*inneninitiativen, etwa »Deutsche Wohnen enteignen« zu beobachten, die auf eine mehr als graduelle Verschiebung auf dem Wohnungsmarkt hinweisen. Ist in diesem Zusammenhang eine Renaissance sozialen Wohnungsbaus, staatlich wie genossenschaftlich, zu erwarten?*

Wir haben bisher nur über die eine Seite der Wohnungsfrage gesprochen, die Gebrauchswertfrage, die öffentlich kaum diskutiert wurde, weil das Modell des modernen Wohnens unter der Hand als gültig angesehen wurde. Die lange politisch dominante öffentliche Diskussion betrifft die jetzt hier angesprochene Seite der Wohnungsfrage: die Frage nach der Gerechtigkeit der Wohnungsversorgung und danach, wie die gesamte Bevölkerung mit wie auch immer definiertem menschenwürdigem Wohnraum versorgt werden kann. In der Bundesrepublik war es, wie gesagt, eine von der SPD geführte Regierung, die 1974 das Ende des sozialen Wohnungsbaus beschloss – mit dem Resultat, dass von den einst fünf Millionen Sozialwohnungen etwa 80 Prozent verschwunden sind. Das war so politisch gewollt wie grundsätzlich falsch. Denn in unserer demokratisch verfassten Gesellschaft, die sich als sozialstaatlich und wohlfahrtsstaatlich definiert, ist es unvermeidbar, in den Wohnungsmarkt zu intervenieren. Dafür gibt es zwei Gründe: *Erstens* entsteht Wohnungsknappheit immer wieder, selbst wenn wir statistisch gesehen einen Überhang an Wohnungen haben. Das liegt zum einen an der qualitativen Entwertung des Wohnungsbestandes durch veränderte Anforderungen. Bestimmte Standorte, Bauformen, Grundrisse sind schlicht nicht mehr gewollt. Noch wichtiger aber ist die enorme Ausweitung des Flächenbedarfs. Eine Stadt, die in den fünfziger Jahren mit ihrer Bausubstanz eine Million Menschen beherbergen konnte, würde heute nur noch für 400.000 Menschen ausreichen. Das hängt nicht nur mit Luxusansprüchen zusammen, sondern auch mit der angesprochenen Veränderung der Lebensweisen, die mit einer Tendenz vom Mehrpersonen- zum Singlehaushalt einhergeht. Wenn wir vier Singlewohnungen anstelle eines klassischen Familienhaushalts haben, brauchen wir nicht mehr eine Küche, sondern vier, nicht mehr ein Bad, sondern vier Bäder. Das führt zu einer steigenden Nachfrage nach mehr und obendrein anderen Wohnungen, selbst wenn die Bevölkerungszahl zurückgehen sollte.

Ein weiterer diesbezüglicher Faktor ist die Mobilität. Menschen sind mobil, Wohnungen sind immobil. Wenn jemand von Görlitz nach München zieht, steht in Görlitz eine Wohnung leer und in München entsteht eine zusätzliche Nachfrage. Damit haben wir Leerstand und Wohnungsknappheit zugleich, aber verteilt auf verschiedene regionale Märkte. Selbst bei statistischem Überangebot an Wohnungen in der Gesamtheit können wir regionale Wohnungsnot haben. Und da der Wohnungsmarkt sehr träge ist – von der Entscheidung, eine Wohnung zu bauen, über die Baugenehmigung bis zum Bau vergehen in der Regel mehrere Jahre –, braucht es ein Vorhalten von Wohnraum und das tut der freie Markt nicht. So entstehen immer wieder und unausweichlich Knappheiten.

Das *zweite* und meiner Ansicht nach wichtigere Argument ist aber folgendes: Wohnungsversorgung ist in unserer Gesellschaft Teil einer moralischen Ökonomie, bei der nach kulturellen und politisch definierten Standards darüber entschieden wird, was noch als eine menschenwürdige Wohnung akzeptabel erscheint. Die Wohnungsversorgung überlassen wir eben nicht dem Spiel von Angebot und Nachfrage. In Amerika ist das eher so, aber hierzulande wird nicht als menschenwürdig akzeptiert, was der Markt für alle bezahlbar bereitstellt. Und was akzeptiert ist, wird vom Markt nur zu Preisen bereitgestellt, die ein großer Teil der Bevölkerung nicht bezahlen kann. Und das ist der gleichsam notwendige Grund dafür, dass der Staat diese Lücke zwischen gefordertem Gebrauchswert und Bezahlbarkeit schließen muss. Auf das unvermeidliche Auftreten von regionalen Knappheiten und unterversorgten sozialen Gruppen wird eine moralische Ökonomie, die Marktergebnisse nicht zu akzeptieren bereit ist, immer wieder mit wohnungspolitischen Interventionen reagieren müssen. Von daher ist es, zumindest in unserer Gesellschaft, eine Illusion, dass der Staat sich dauerhaft aus dem Wohnungsmarkt zurückziehen könnte.

Das Gespräch führte Tom Pflicke.

Prof. Dr. Walter Siebel, geb. 1938, Prof. em. für Soziologie an der Universität Oldenburg. Schumacher Preis 1994, Schader Preis 2004. 1989 bis 1996 wiss. Direktor der IBA Emscher Park, 1990–92 Fellow am Kulturwissenschaftlichen Institut in Essen. Letzte Buchpublikationen: Die europäische Stadt 2004; Stadtpolitik 2009 (zus. mit H. Häußermann/D. Läpple); Die Kultur der Stadt 2015; alle: edition suhrkamp; Polarisierte Städte 2013 (zus. mit M. Kronauer), Campus Verlag.

SCHLAFGÄNGER, GUTE STUBE UND FRANKFURTER KÜCHE

WOHNKULTUREN ZWISCHEN KAISERREICH UND WEIMARER REPUBLIK[1]

Ξ Adelheid von Saldern

»Wir betreten eine der berüchtigten Mietskasernen, deren im rheinisch-westfälischen Industriegebiet so viele vorhanden sind. Das ganze Haus besteht durchweg aus Abteilungen von zwei bis drei Zimmern. Fast vierzig bis fünfzig Prozent aller Arbeiterwohnungen bestehen aus zwei Zimmern, werden bewohnt von Familien, die sechs bis zehn Köpfe stark sind und zum Überfluss noch zwei bis drei Kostgänger beherbergen. In einem Schlafraume mit zwei Bettstellen, der selten gelüftet und gereinigt wird und dessen Bettzeug stinkenden Lumpen ähnelt, kampieren oft bis 10 Personen. Vier Kinder in einem Bett, zwei am Kopf-, zwei am Fußende, ohne Rücksicht auf Alter und Geschlecht! Wie viele Schlafräume gibt es außerdem, wo man auf Dielen, auf ausgebreiteten Strohsäcken schläft!«[2] Ein Blick zurück gerät leicht zum »Blick zurück im Zorn«, wenn man sich die Wohnverhältnisse gerade der Arbeiter um die Jahrhundertwende vergegenwärtigt, wie sie in vorstehendem Zitat aus einem Bericht von 1908 geschildert werden. In den Jahren um die Jahrhundertwende, in der Zeit des Deutschen Kaiserreiches, war das Wohnen noch überwiegend klassen- und schichtenspezifisch geprägt.

Es gibt zahlreiche solche Elendsschilderungen: Alle sprechen von großer Enge, Überfülltheit, Krankheit und Not, von wenig durchlüfteten und feuchten Wohnungen, von dunklen Treppenhäusern, schlecht isolierten Dachgeschosswohnungen, ebenso von tief in der Erde liegenden Kellerwohnungen – katastrophale hygienische Zustände, nicht zuletzt auf den Klosetts, die außerhalb der Wohnungen lagen und für mehrere Familien gedacht waren. Ob in einer Berliner Mietskaserne, ob in einer verkommenen Altstadtwohnung in einer

1 Bei dem vorliegenden Text handelt es sich um einen gekürzten und modifizierten Wiederabdruck des Sammelbandbeitrages »Daheim an meinem Herd …«. Die Kultur des Wohnens, in: August Nitschke u. a. (Hg.), Jahrhundertwende. Der Aufbruch in die Moderne, Reinbek 1990, S. 44–60, © 1990, Rowohlt Verlag GmbH, Hamburg.

2 Zitiert nach: Victor Noack, Kulturschande. Die Wohnungsnot als Sexualproblem, Berlin 1929, S. 9.

mittelgroßen Stadt, ob im dörflich-ländlichen Milieu, überall fand man solche äußerst ärmlichen Wohnverhältnisse bei großen Teilen der unteren Bevölkerungsklassen. Heinrich Zille fing solche Zustände mit seinem berühmten, oft zitierten Satz ein: »Man kann mit einer Wohnung einen Menschen genauso töten wie mit einer Axt!« Wie konnten solche Wohnverhältnisse zugelassen werden? Warum wurden nicht mehr menschenwürdige Wohnungen für die

arbeitende Bevölkerung gebaut, für die vielen Familien, die im Zuge der Industrialisierung und Urbanisierung scharenweise in die Städte zogen? Eine Nation, die Handel mit der ganzen Welt trieb und für viel Geld eine Kolonialmacht wurde; deren Industrieprodukten mit an der Spitze der Weltrangliste stand, in deren Städten große repräsentative Rathäuser, Theater und Museen gebaut wurden – wieso war in einem solch hochentwickelten, kultivierten Land so viel Rückständigkeit im Wohnbereich anzutreffen?

Die Gründe dafür sind vielfältig. Vor allem aber war es ein lästiges Geschäft, Arbeiterwohnungen zu bauen, wie ein zeitgenössischer Bericht aus dem Jahre 1891 belegt: »Die Rentabilität der Arbeiterhäuser war längst erwiesen, nur das Drum und Dran ihrer Verwaltung, die Schererei mit den hundert Parteien, die widrigen Elemente der Trunksucht und Prostitution, die Verwahrlosung der Räume, die rückständigen Mieten und Emissionen, der Lärm und Streit machten diese Häuser den Kapitalisten mißliebig. Sie blieben schwer verkäuflich und darum kein Gegenstand der Spekulation.«[3] Weiter heißt es, dass die Rücksicht auf Volksgesundheit und Wohlfahrt der Insassen »der Bildung und Erziehung« der Hausbesitzer von Arbeiterwohnungen »naturgemäß« fernliege; das Wohnbedürfnis des Proletariats werde rücksichtslos von ihnen für die eigenen Taschen ausgenutzt. Die Unlust zum Reparieren sei so groß, weshalb selbst zweckmäßig gebaute Häuser schnell verfielen.[4]

Also wurde lieber nicht in den Arbeiterwohnungsbau investiert, mit dem Staat und Kommunen ohnehin nicht viel im Sinn hatten, die noch ganz auf das Funktionieren der Marktwirtschaft im Wohnungsbau setzten. Zumal sich die sozialstaatliche Entwicklung damals erst in den Anfängen befand. Der kostenintensive Wohnungsbau zählte jedenfalls nicht dazu und sollte nach Meinung der Regierung auch nicht dazugehören. Auch die Städte wollten von einer Subventionierung des Arbeiterwohnungsbaus meist nichts wissen. Das Bürgertum investierte lieber in den Ausbau der städtischen Infrastruktur, in Gas- und Elektrizitätswerke, in die Kanalisation und den Straßenbau; es investierte auch lieber in kulturelle Zentren als in Arbeiterwohnungen. Und da das Bürgertum in den Städten die Macht dazu hatte, setzte es auch seinen Willen durch. Allerdings gab es einige Ausnahmen: so zum Beispiel vom Staat erbaute Wohnungen für Beamte und sogenannte Staatsarbeiter, ferner die Werkswohnungen; diese wurden jedoch von Unternehmern gebaut, um – höchst fragwürdig und umstritten – eine vollständig vom Werk abhängige Stammarbeiterschaft heranzuziehen. Dann müssen noch die neuen Genossenschaftswohnungen genannt werden, denen zwar ein Vorbildcharakter zukam, die aber in der Zeit vor 1914 zahlenmäßig noch wenig ins Gewicht fielen und nur wenigen Glücklichen offenstanden.

3 Robert Hessen, Die Berliner Wohnungsnot, in: Preußische Jahrbücher, Jg. 24 (1891), S. 639.

4 Ebd.

Wie aber lebte es sich in den Arbeiterwohnungen? Arbeiterfamilien kannten häufig nichts anderes als schlechte Wohnungen und waren meist froh, überhaupt ein Dach über dem Kopf zu haben bzw. die relativ hohe Miete zahlen zu können, die ein Viertel des ohnehin niedrigen Monatseinkommens eines Arbeiters betragen konnte. Was übrig blieb, reichte zum Leben meist nicht aus. Deshalb wurden *Schlafgänger* und *Kostgänger* aufgenommen, die in der Regel kein eigenes Zimmer bekamen, sondern nur eine Schlafstelle, oft nicht einmal ein Bett für sich allein. 1880 hatten 15,3 Prozent aller Berliner Haushalte Schlafgänger – das waren fast 40.000 Haushalte, meist in Arbeitervierteln gelegen. Dazu kamen noch circa 18.000 Wohnungen, in die Untermieter aufgenommen wurden.[5] Viele Arbeiterfamilien waren außerdem gezwungen, ihre Wohnung jeweils den sich ändernden Lebensbedingungen anzupassen: Halbjährliche Umzüge waren keine Seltenheit. Der Sozialdemokrat Albert Südekum berichtete im Jahr 1908 von dem Wohnschicksal einer fünfköpfigen Familie aus dem Berliner Norden. Die Familie war Ende der 1880er Jahre aus einem pommerschen Dorf zugezogen, zuerst nach Lichtenberg und dann nach Pankow – beide damals noch nicht eingemeindete Dörfer. Danach zog sie innerhalb von fünf Jahren mehr als zehnmal um. Das häufige Umziehen in jener Zeit hatte schwerwiegende Folgen. Eine Aneignung der Wohnung – ein Sich-zu-Hause-Fühlen – wurde so erheblich erschwert. Was die Wohnung nicht bot, bot allenfalls das Stadtviertel, innerhalb dessen die vielen Umzüge erfolgten. Die engen, überfüllten und ärmlichen Wohnungen dienten oft noch einem anderen Zweck als dem der Behausung: In ihnen wurde gearbeitet, bis tief in die Nacht hinein, denn trotz der fortgeschrittenen Industrialisierung mussten sich viele Ehefrauen ein Zubrot durch schlecht bezahlte Heimarbeit verdienen. Ob Schlafgänger, Kinder, Nachbarn oder Kunden: Ein ständiges Kommen und Gehen war die Folge; Privatsphäre, Rückzugsmöglichkeit und damit die Pflege der individuellen Bedürfnisse waren praktisch nicht möglich. Es waren *halboffene* Familien- und Wohnstrukturen.

Eine »seelische Mieterpanzerung« – so der Soziologe Peter Gleichmann – war erforderlich, um das Familienleben in das Durcheinander einer dicht belegten Mietskaserne einzugliedern, um die unterschiedlichen Zeitabläufe der einzelnen Familienmitglieder zu koordinieren und mit den spannungsgeladenen Beziehungen zu den eigenen Familienmitgliedern, aber auch zu den Nachbarn fertig zu werden. In einem solchen Wohnmilieu entwickelten sich häufig Mentalitätsmuster, die geprägt waren von Apathie und emotionaler Teilnahmslosigkeit, aber auch von Energie, Leistungswillen, Trotz und Sinneswachheit.[6] Menschen, die offen waren für neue großstädtische

5 G. Berthold, Die Wohnungsverhältnisse in Berlin, insbesondere die der ärmeren Klassen, in: Verein für Socialpolitik (Hg.), Die Wohnungsnoth der ärmeren Klassen in deutschen Großstädten und Vorschläge zu deren Abhilfe, Leipzig 1886, S. 216.

6 Vgl. Gottfried Korff, Mentalität und Kommunikation in der Großstadt. Berliner Notizen zur »inneren« Urbanisierung, in: Theodor Kohlmann u. Hermann Bausinger (Hg.), Großstadt. Aspekte empirischer Kulturforschung, Berlin 1985, S. 348.

Anforderungen und neue Erfahrungsfelder, zugänglich sowohl für Klatsch und Zank als auch für gegenseitige Hilfe und Solidarität.

Zwar lebten die weitaus meisten Arbeiterfamilien in den beschriebenen miserablen Verhältnissen, aber es gab auch eine Arbeiterschicht, die besser wohnte: gutverdienende Facharbeiter- und Handwerkerfamilien. Sie konnten sich unter günstigen Umständen auch bessere Wohnungen leisten, vermochten noch am ehesten Wohnperspektiven zu entwickeln, die über die unmittelbare Gegenwart hinausreichten. Ihre Wohnungen waren zwar bescheiden, aber menschenwürdig und boten eher die Möglichkeit, sich *zu Hause* und wohl zu fühlen. Dadurch konnten die betreffenden Familien auch andere Erfahrungen machen und andere Erwartungen an die Gesellschaft haben. Ihre Wohnkultur ähnelte schon in vielem der von unteren Angestellten- und Beamtenfamilien. Statussymbol war die sogenannte gute Stube, die allerdings – trotz enger Räumlichkeiten – nur zu besonderen Anlässen benutzt wurde. Was der *Salon* für den Adel und das Großbürgertum war, war die *gute Stube* für das Kleinbürgertum und für die gehobene Arbeiterschaft: ein Ort der Repräsentation. Doch noch einmal sei betont: Nur bei überdurchschnittlichem Verdienst und wenigen Kindern konnte eine solche halbwegs gepflegte bescheidene Häuslichkeit innerhalb der Arbeiterschaft entstehen.[7] So heißt es in einem Bericht über die kleinbürgerliche Behaglichkeit eines Münchner Graveurs aus dem Jahre 1907/08, der eine Ehefrau und drei Kinder zu versorgen hatte: »Die dreiräumige Wohnung ist in dem ersten Stockwerk eines Rückgebäudes gelegen und mit eigenem Vorplatz und Abort für sich abgeschlossen. Die Wohnstube hat 3,30 mal 5 Meter Bodenfläche und, ähnlich den anderen Räumen, 2,75 Meter Höhe. Sie hat zwei mit hellen Gardinen versehene Fenster nach verschiedenen Seiten und ist mit hübschen, gut erhaltenen Möbeln ausgestattet. In der Mitte der Stube steht ein Sofa mit einem Tische, an der Seite ein Bett. Drei Schränke verteilen sich auf die Wände, eine Nähmaschine, einige Stühle und mancherlei Bilder und Nippsachen vervollständigen das Bild. Die gut gelüftete, aber etwas feuchte Schlafstube ist nur 3 mal 4,30 Meter und einfenstrig. Sie ist mit zwei großen Betten und einem Kinderbett, einem Kinderwagen und dem sonst höchst selten vorhandenen Waschtisch reichlich ausgefüllt. Hiernach ist in dieser Wohnung für jedes Familienmitglied ein besonderes Bett vorhanden, was hervorgehoben zu werden verdient. Der dritte Raum ist die Küche von 2,70 mal 3,25 Meter Größe. Hier nimmt die Familie auch ihre Mahlzeiten ein. Das ganze Hauswesen macht den Eindruck einer guten Führung und kleinbürgerlichen Behaglichkeit.«[8]

Anders sah die *gutbürgerliche* Wohnung aus. Die Göttinger Familiensoziologin Heidi Rosenbaum kennzeichnet diese wie folgt: »Die bescheidenste

7 Vgl. Lutz Niethammer u. Franz Brüggemeier, Wie wohnten Arbeiter im Kaiserreich?, in: Archiv für Sozialgeschichte, Jg. 16 (1976), S. 61–134, hier S. 134.

8 Klaus Saul u. a. (Hg.), Arbeiterfamilien im Kaiserreich. Materialien zur Sozialgeschichte in Deutschland 1871–1914, Düsseldorf 1982, S. 88 f.

Variante der Mietwohnung einer bürgerlichen Familie umfaßte fünf bis acht Zimmer. Damit fing das junge Ehepaar, selbst das Beamtenehepaar an. Hervorstechendstes Merkmal einer derartigen Mietwohnung war eine Zweiteilung der Räume; zur Straße gelegen waren die Wohn- und Repräsentationsräume (Salon, Eßzimmer, Besuchszimmer), daran schlossen sich mit den Fenstern nach Norden die – verglichen mit den Wohnräumen – beengten Schlafräume für Eltern und Kinder, die Küche und – soweit nicht ein Hängeboden vorhanden war – ein (nicht heizbares) Dienstbotenzimmer an.«[9] In solch großen Wohnungen gab es Möglichkeiten, sich zurückzuziehen, seinen Liebhabereien nachzugehen, aber auch zu repräsentieren und geselliges Leben zu führen. Doch diese vielen Handlungsmöglichkeiten, die die Wohnung dem Bürgertum bot, sparten einen großen Bereich meist aus, nämlich die Erwerbsarbeit.

Längst gehörte das sogenannte *ganze Haus* der Vergangenheit an. Das heißt: Produktion und Reproduktion, Arbeits- und Wohnstätte waren räumlich voneinander getrennt, während sich in vor- und frühindustrieller Zeit beides vielfach noch unter einem Dach befunden hatte. Mit der Entwicklung zur bürgerlich-industriellen Gesellschaft ging der Mann zur bezahlten Arbeit aus dem Hause – die Frau blieb zur unbezahlten Arbeit im Hause. Nur bei Handwerkern und Bauern fand man das Modell vorindustrieller Lebens- und Wohnweise weiterhin vor. Diese Trennung der Arbeitsstätte von der Wohnstätte wirkte sich vor allem für die Ehefrauen nachteilig aus: Ihnen fehlten nun wichtige Erfahrungsfelder – die Funktionen des Hauses waren *ausgedünnt* –, das Haus wurde zum privaten Bereich der Frau, während die Öffentlichkeit vom Mann bestimmt wurde. So wurde das Haus manchen Frauen vermutlich zu einem gepflegten und gut eingerichteten Gefängnis. Dessen Einrichtung wiederum zeigte den Wohlstand bürgerlichen Wohnens. Die Räume waren vollgestellt. Große schwere Gardinen, Wandteppiche und wuchtige Möbel, oft auch getäfelte Wände charakterisierten die Zimmer.

Der Göttinger Historiker Percy Ernst Schramm erklärte die Funktion dieses Einrichtungsstils so: »Der Wohnzimmerstil dieser Zeit läßt sich wohl zu einem guten Teil aus dem Bedürfnis erklären, in dem immer hastiger gewordenen Leben ein vom Lärm und allzu grellem Licht abgekapseltes ›buenretiro‹ zu besitzen und in ihm den Ärger des Alltags durch zahllose, mit guten Erinnerungen verknüpfte Dinge zu verscheuchen.«[10] Und die Soziologin Heidi Rosenbaum führt aus: »Erst in der derart gegen den Bereich des Erwerbs und der Öffentlichkeit abgeschotteten häuslichen Sphäre konnte jene Vorstellung einer von gesellschaftlichen Bezügen losgelösten Familie heimisch werden, die mit dem bürgerlichen Familienideal untrennbar verbunden ist und sich mit seiner Ausbreitung verallgemeinert hat.«[11]

9 Heidi Rosenbaum, Formen der Familie. Untersuchungen zum Zusammenhang von Familienverhältnissen, Sozialstruktur und sozialem Wandel in der deutschen Gesellschaft des 19. Jahrhunderts, Frankfurt a.M. 1982, S. 369.

10 Percy Ernst Schramm, Neun Generationen, dreihundert Jahre deutscher »Kulturgeschichte« im Lichte der Schicksale einer Hamburger Bürgerfamilie (1648–1948), 2. Band, Göttingen 1964, S. 424.

11 Rosenbaum, S. 305.

In der Entwicklung der bürgerlichen Wohnkultur kam der Einrichtung eine besondere Bedeutung zu. Sie war Ausdruck des neu entstandenen Sinns für Familie und gepflegte Häuslichkeit. Häuslichkeit wurde zum Schlüsselbegriff für die Charakterisierung bürgerlichen Familienlebens. Die Wohnung wurde im 19. Jahrhundert zu einem von der Öffentlichkeit abgeschotteten Lebensraum und zumeist stark idealisiert. Doch auch im Bürgertum gab es feine Abstufungen hinsichtlich des Wohnkomforts und der Wohnkultur. Nach oben – zur adeligen Wohnkultur hin – und nach unten, zum kleinbürgerlichen Zuhause, zum Wohnen der kleinen Gewerbetreibenden und Angestellten. Der spätere Journalist Rudolf Pörtner beschreibt das Haus seines Vaters, der Expedient in einer Zigarrenfabrik in der Nähe von Bad Oeyenhausen war: »Es war ein einfaches Haus, vorstädtisch wie die ganze Umgebung. [...] Im Erdgeschoss ein engbrüstiger Flur, der in die sechs Quadratmeter große Küche führte. Zur Linken zwei Wohnzimmer, beide mit dunkelbraun gebeizten Jugendstilmöbeln ausgestattet [...]. Massive Eiche, ansehnlich und nicht von Pappe. Im Obergeschoß zwei Schlafzimmer mit schrägen Wänden, das größere mit goldgelben Schärpen drapiert. Hinter dem Haus eine frei stehende Waschküche, ein Hühnerstall, zwei Apfelbäume und einige Stachelbeersträucher. Dazu ein sechshundert Quadratmeter großer Nutzgarten, der Frühkartoffeln, Bohnen und Erbsen, Rotkohl und Weißkohl lieferte [...].«[12]

Wohnen in einem Arbeiterquartier, Wohnen in einem großbürgerlichen Hause – welche Extreme in ein und derselben Stadt um die Jahrhundertwende. Auch dann, wenn in Rechnung gestellt wird, dass die Wirklichkeit vielfältiger war, weil ein Teil der Facharbeiterschaft sowie der alte und neue Mittelstand für Übergänge und Abstufungen sorgten – je nach der sozialen Lage, den kulturellen Bedürfnissen und den wirtschaftlichen Verhältnissen. Aber auch unter Einbezug des Umstands, dass die wohnkulturellen Standards für die breiten Schichten der Bevölkerung allgemein sehr viel niedriger lagen als heute, dass auch in manchem bürgerlichen Bett zwei Kinder geschlafen haben mögen, so können diese notwendigen Relativierungen doch nicht das Bild von extremen Unterschieden verwischen.

Auch der Blick in die 1920er Jahre zeigt, dass es großbürgerliches Wohnen weiterhin ebenso gab wie verelendete Arbeiterquartiere. Noch immer finden sich erschütternde Berichte über Wohnungsnot und Wohnungselend in Stadt und Land. Und wer aus dem Proletariat nicht erbärmlich lebte, wohnte in jedem Fall sehr einfach, bescheiden und beengt, zumal noch längst nicht jede Familie ihre eigene Wohnung besaß. Die alten Wohnverhältnisse also, die alten Extreme auch in neuer Zeit, in den 1920er Jahren? Gewiss – und doch

12 Rudolf Pörtner (Hg.), Mein Elternhaus, München 1987, S. 151 f.

hat sich Entscheidendes verändert, vor allem in den Städten entstanden neue Viertel, »modernes Wohnen« wurde nun zum Schlagwort.

Wie kam es zu diesen Veränderungen des Wohnens? Schon vor dem Ersten Weltkrieg wurde das Wohnungselend von vielen bürgerlichen Sozialreformern und Sozialdemokraten beklagt. Sie meinten es ernst mit ihrem Anliegen und beschworen Staat und Gesellschaft, einzuschreiten und für gesunde Wohnverhältnisse zu sorgen. Nach dem Ersten Weltkrieg und der noch bis Ende 1923 andauernden Hyperinflation war es erst ab 1924 ökonomisch möglich, den sozialen Wohnungsbau in großem Stil voranzutreiben. Damals erlangten Stadtbauräte wie Ernst May in Frankfurt, Fritz Schumacher in Hamburg und Martin Wagner in Berlin nationale und internationale Bedeutung. Der Bau neuer Wohnungen für breite Bevölkerungsschichten wurde auch zum großen Anliegen berühmter Architekten wie Walter Gropius, Mies van der Rohe, Bruno Taut und anderen. Walter Gropius gründete in Weimar das berühmt gewordene *Bauhaus*, das Architektur als moderne Kunst begriff, die alle gesellschaftlichen Bereiche durchdringen und reformieren sollte. Orientiert an den mittelalterlichen Bauhütten als Lebens- und Künstlergemeinschaften, verlangte man nach einer großen künstlerischen Synthese. Kunst galt als soziale Aufgabe. Doch die große soziale Utopie der Anfangsjahre des Bauhauses geriet mehr und mehr in die Mühlen der Anpassung an das Machbare. Was blieb, waren die hohen ästhetisch-künstlerischen Normen; hinzu kam die Faszination, die von der Technik, von neuen Werkstoffen und neuen Verfahrensweisen bei der Erstellung der Bauten ausging. Funktionalität und Sachlichkeit wurden wichtig. Hannes Meyer, Nachfolger von Gropius, formulierte die Aufgabe des Bauhauses wie folgt: »Wir untersuchen den Ablauf des Tageslebens jedes Hausbewohners, und dieses ergibt das Funktionsdiagramm für Vater, Mutter, Kind, Kleinkind, Mitmenschen. Wir erforschen die Beziehungen des Hauses und seiner Insassen zum Fremden: Postbote, Passant, Besucher.«[13]

Aus diesem funktional-konstruktiven Geiste heraus verwarf man die traditionelle Wohnküche und schuf die bekannte Frankfurter Küche, eine reine Arbeitsküche von sechs Quadratmetern mit eingebautem Mobiliar. Man wollte die Wohnung genau den Lebensweisen der Menschen anpassen. Doch kann man das? Lässt sich der Tagesablauf einer Familie in Funktionen zerlegen wie bei einer Maschine und dann in räumlich-zweckrationale Maße umsetzen? Wo bleiben dabei die Bedürfnisse, die über das rein Zweckmäßige, das absolut Notwendige und Berechenbare hinausgehen? Der damaligen Architektur-*Avantgarde* ging es primär um gute Wohnverhältnisse, worunter sie die Schaffung neuer Massenwohnungen verstand, mithin um die Einführung moderner Wohnkultur.

13 Mechthild Schumpp, Stadtbau-Utopien und Gesellschaft. Der Bedeutungswandel utopischer Stadtmodelle unter sozialem Aspekt, Gütersloh 1972, S. 98.

Wo der soziale Massenwohnungsbau des zwanzigsten Jahrhunderts begonnen hatte, entstanden häufig komplette Großwohnanlagen von 150 bis 1500 Wohneinheiten. Flachdach- und Zeilenbauweise wurden zum Wahrzeichen dieser Architektur. Westhausen in Frankfurt und Dammerstock in Karlsruhe sind zwei bekannte Beispiele. Doch auch dort, wo Kompromisse mit traditionellen Bauweisen eingegangen werden mussten, befolgte man bestimmte Prinzipien unter allen Umständen: Luft, Licht und Sonne gehörten unabdingbar zum neuen Wohnen. Dazu kamen Wohnkomfort und Wohnerrungenschaften, die uns heute Wohnungs-Mindeststandard sind, die aber damals viele noch nicht kannten: wohnungseigene Klosetts, eingebaute Badewannen oder Duschecken, abgeschlossene Dielen, Balkone und Loggien, beleuchtete Treppenhäuser. Geheizt wurde teils mit Kohleöfen, teils aber schon mit Zentralheizungen.

Die neuen Wohnungen befanden sich häufig innerhalb einer großzügig ausgestatteten Wohnanlage, mit reichlich Grün, verschiedentlich sogar mit Mietergärten. War auch nicht die berühmt gewordene funktionalistisch-strenge Architektur jedermanns und jederfraus Geschmack, so waren es doch Wohnanlagen und Wohnungen zum Wohlfühlen, verglichen mit den Wohnverhältnissen von früher. Langsam entwickelte sich so für breitere Bevölkerungsschichten ein neues Lebensgefühl. Wohnen wurde nun auch für sie zur Freude.

Träger des neuen Massenwohnungsbaus waren vielfach gemeinnützige Gesellschaften, teils in Form von Genossenschaften, teils in Form von Kapitalgesellschaften. Der Wohnungsbau wurde durch die öffentliche Hand subventioniert. Eindrucksvoll sind die Zahlen: Über zwei Millionen Wohnungen wurden innerhalb weniger Jahre gebaut, und alle boten sie einen Wohnkomfort, wie ihn bis dahin nur gutbürgerliche Schichten genießen konnten. Doch viele Arbeiterfamilien konnten sich eine solche neue Wohnung gar nicht leisten. Deshalb zogen vor allem bessergestellte Facharbeiter- sowie Beamten- und Angestelltenfamilien ein. Da die Wohnungsnot in der Zeit der Weimarer Republik sehr groß war und es noch viele wohnungslose Haushalte gab, wurde man die Wohnungen, die meist zwischen 65 und 90 Quadratmeter groß waren, zunächst gut los. Überhaupt blickte man hoffnungsvoll in die Zukunft. So hieß es 1930 in der angesehenen Zeitschrift *Soziale Praxis:* »Schon treten vereinzelt Architekten auf, deren leidenschaftliche soziale Gesinnung zu ganz neuen Lösungen der Arbeiterwohnung drängt. Kurz, es ist damit zu rechnen, daß man in absehbarer Zeit anfangen wird, für die zahlungsschwächste Schicht Wohnungen zu bauen. Damit würden diejenigen Kreise, aus denen sich die Fürsorgebedürftigen der Wohlfahrtsämter rekrutieren, Mieter von

Großsiedlungen werden.«[14] Diesem Optimismus fehlte allerdings noch die historische Erfahrung, dass mit dem sozialen Wohnungsbau die Wohnungsprobleme zwar gemildert, aber nicht so ohne weiteres gelöst werden konnten. Stattdessen glaubten die sozial engagierten Architekten, den Teufelskreis durchbrechen, das heißt die Diskrepanzen zwischen betriebswirtschaftlichem Rentabilitätsdenken und den sozialen Bedürfnissen überwinden zu können, und zwar durch Industrialisierung und Rationalisierung der Bauwirtschaft und des Bauvorganges, durch Ausnützung aller möglichen Subventionsmittel und nicht zuletzt mittels der Gemeinnützigkeit vieler Baugenossenschaften. Dieser Zukunftstraum aber wurde nicht Wirklichkeit. Baukosten und Zinsen lagen zu hoch. Das einzige, was an Handlungsmöglichkeiten übrigzubleiben schien, war die Verkleinerung der Wohnungsgrundrisse: Die »Wohnung für das Existenzminimum«, meist unter vierzig Quadratmetern, wurde geschaffen. Zu hohe Mieten oder zu kleine Wohnungen – darauf lief schließlich der soziale Wohnungsbau Ende der zwanziger Jahre hinaus.

Trotz aller Widrigkeiten hat sich mit dem Beginn des sozialen Wohnungsbaus in den 1920er Jahren Wichtiges geändert: Die Neubauwohnungen galten fortan als Modell und Vorbild für die städtische Öffentlichkeit. Es sei nur eine Frage der Zeit, dachte man, die leidige Massenwohnungsfrage lösen zu können. Aber auch in anderer Hinsicht stellte der soziale Massenwohnungsbau der 1920er Jahre eine wesentliche Neuerung dar: die neue Wohnkultur und das neue Wohnverhalten.

Natürlich veränderten sich mit dem Einzug in eine Neubauwohnung nicht die Menschen. Sie brachten vielmehr ihre alten Lebensgewohnheiten mit. Und doch gerieten sie mehr oder weniger in den Sog dessen, was wir heute als Moderne bezeichnen. Gemeint ist damit zunächst einmal das bürgerliche Familienidealbild: Die *geschlossene* Kleinfamilie in einer abschließbaren Kleinwohnung mit einem sich selbst versorgenden Einzelhaushalt war längst auch zum Idealbild vieler Arbeiterfamilien geworden. Ihm trug der neue soziale Massenwohnungsbau nun auch architektonisch Rechnung.

14 Soziale Praxis, Jg. 39 (1930), H. 6, S. 147.

Mit der Architektur des Neuen Bauens sollten die traditionellen, halboffenen Wohnformen vieler Arbeiterfamilien verschwinden. Nun gab es den Typ der auf die Kleinfamilie zugeschnittenen Wohnung, in der fast alle Tätigkeiten vor den neugierigen Blicken der Nachbarn abgeschirmt waren: Die Familie war für sich! Die Privatsphäre vergrößerte sich. Doch zur neuen Wohnkultur in Großwohnanlagen gehörte noch mehr. Angesagt war auch die *Erziehung* der Bewohner durch Vorträge, eigene Zeitschriften, durch Hausmeister und Hausverwaltung. Diese Erziehung zu einer modern-urbanen Wohnkultur distanzierte sich von jener der wilhelminischen Ära: Ziel war die Verbesserung der Wohnungshygiene und die Rationalisierung sämtlicher Lebensbereiche. Durchdrungen von Funktionalismus und neuer Sachlichkeit kämpfte man insbesondere gegen den Kitsch, gegen übergroße und verschnörkelte Möbel, gegen angeblich überflüssige Staubfänger, also auch gegen Nippes und herumstehende Fotografien. Musterausstellungen und Musterwohnungen sollten der kulturellen Neuorientierung der Mieter dienen.

So meinte eine zeitgenössische Wohnungsreformerin 1930: »Die vorausgegangene Epoche hatte ein starkes Repräsentationsbedürfnis, daß man das schönste und größte Zimmer der Wohnung als Salon oder Gute Stube einrichtete. Wir können und wollen uns diesen Luxus nicht mehr leisten, sondern jeden Raum und jedes Möbelstück unserer Wohnung täglich nutzen, denn sie ist ja nicht für die Bekannten und Verwandten, sondern für die eigentlichen Bewohner da.«[15]

15 Wohnungswirtschaft. Zentralorgan für die Wohnungsfürsorge aller Städte, Gemeinden, Baugenossenschaften und Mietervereine, Jg. 7 (1930), H. 20, S. 383.

Was hier gefordert wurde, war ein modernes, schichtenunspezifisches, in den Grundzügen vereinheitlichtes Wohnverhalten, geprägt vor allem von Sauberkeit, Ordentlichkeit, Sachlichkeit und wohldurchdachter rationeller Haushaltsführung. Damit waren in erster Linie nicht die »ordentlichen« Familien in den ordentlichen Neubauwohnungen gemeint, sondern die »anderen« – die in den alten Arbeitervierteln. Jene »ordentlichen« Familien sollten für sie Vorbild sein. Deutlich wird auch, dass die sich verstärkende Vorstellung von einer ganz bestimmten Einheitswohnkultur zusehends Nachteile für Nichtangepaßte mit sich brachte.

Die Wohnkultur in den alten Arbeiterquartieren geriet somit noch mehr als früher ins kulturelle *Out*. Was nicht in das vorgefertigte Schema passte, wurde zumindest mit Argwohn betrachtet. Dabei kam der Durchbruch der Moderne im Wohnbereich keineswegs von selbst, sondern durch kräftige Geburtshilfe: »Sanfte Disziplinierung« nennt man heute diese vielfältigen Erziehungsversuche. Die neue Wohnkultur erhielt indessen das Attribut *modern*, und modern galt damals als fraglos gut und fortschrittlich. Wer sich nicht nach solchen Vorstellungen richtete, wurde leicht als altmodisch angesehen. »Man kann doch nicht im vorigen Jahrhundert leben« oder »Die neue Wohnung verpflichtet« – das waren Schlagworte, die damals die Runde machten. Doch nicht alle richteten sich nach solchen Postulaten: Noch waren die alten Wohnverhältnisse und die alten Wohnkulturen vorhanden, daneben aber hatte sich das neue, das moderne Wohnen durchgesetzt.

Und auch den Durchbruch der Moderne sehen wir heute mit kritischer Distanz, erkennen seine Doppelwertigkeit, seine nicht miteinander aufrechenbare Gewinn- und Verlustgeschichte. Wir kennen die ernüchternden und sehr widerspruchsvollen Kapitel seiner Geschichte. Für die Zeitgenossen um 1930 war es allerdings möglich, das moderne Wohnen ausschließlich als kulturelle Errungenschaft zu sehen und mit dem Klang hoffnungsvoller gesellschaftlicher Erneuerung, ja sogar mit sozialer Utopie zu verbinden.

Adelheid von Saldern, Professorin (em.) für Neuere Geschichte am Historischen Seminar der Leibniz Universität Hannover. Jüngste Buchveröffentlichungen: Amerikanismus. Kulturelle Abgrenzung von Europa und US-Nationalismus im frühen 20. Jahrhundert, Stuttgart 2013; Kunstnationalismus. Die USA und Deutschland in transkultureller Perspektive, Göttingen 2020; derzeit Mitglied der Unabhängigen Historikerkommission des BMI »Bauen und Planen im Nationalsozialismus.«

DAS WESTDEUTSCHE WOHNUNGSWUNDER

ORDOLIBERALER SONDERWEG UND SOZIAL-RÄUMLICHE DIFFERENZ

Ξ Margaret Haderer

»Man kann der schlichten Meinung sein, dass die Dinge sich eben entwickeln, wie sie sich halt entwickeln müssen, und dass, wenn das Schicksal es eben will, [sich das Land] mit einem Pelz von Kleinhaus-Siedlungen gänzlich überziehen muss.« Dieser Meinung bin ich nicht, genauso wie die Autoren dieses Zitats, darunter Lucius Burckhardt und Max Frisch.[1] Wohnen und damit verbundene Bebauungs- und Siedlungsformen, so der Ausgangspunkt dieses Beitrages, sind nicht naturwüchsig, sondern immer Ausdruck von bestimmten gesellschaftlichen Normen, Wertvorstellungen und Formen des Regierens. Diese sichtbar zu machen und gegebenenfalls zu politisieren, ist eine zentrale Aufgabe der *kritischen Stadtforschung* und ein zentrales Anliegen politischer Akteure, wie zum Beispiel der »Recht auf Stadt«-Bewegungen.

In den letzten Jahren war viel von der Neoliberalisierung des Wohnens die Rede. Leistbarer Wohnraum wird vor allem in deutschen Metropolen zusehends zur Mangelware. Lockerungen des Mieterschutzes, die Öffnung des Wohnungsmarktes für ausländische Investoren, die Privatisierung großer Teile des sozialen Wohnungsbaus, die Schwächung des gemeinnützigen Bausektors und die *Airbnb*-isierung ganzer Stadtviertel haben vielerorts zu einer drastischen Verknappung von leistbarem Wohnraum sowie zu sozial-räumlichen Verdrängungs- und Polarisierungsprozessen – Stichwort: Gentrifizierung – geführt.[2] In Städten wie Berlin, Hamburg oder München ist die Wohnungsfrage längst als eine der dringlichsten sozialen Fragen zurückgekehrt.

In Verbindung damit werden Forderungen nach sozialem Wohnungsbau laut sowie Forderungen nach einer Grundsatzdebatte darüber, inwieweit man ein Grundbedürfnis wie das Wohnen überhaupt dem Markt überlassen sollte; und es wird die Frage aufgeworfen, wer ein Recht auf Stadt hat bzw. haben sollte und somit ein Recht auf soziale, politische und kulturelle Teilhabe. Letztere hängt, und das machen sowohl Recht-auf-Stadt-Bewegungen als auch die Stadtsoziologie immer wieder deutlich, nicht nur von zeitlichen und finanziellen Ressourcen ab, sondern auch davon, wo jemand wohnt.

1 Lucius Burckhardt u. a., achtung: die Schriften. wir selber bauen unsre Stadt/ achtung: die Schweiz/die neue stadt, Zürich 2016.

2 Vgl. Lisa Vollmer u. Justin Kadi, Wohnungspolitik in der Krise des Neoliberalismus in Berlin und Wien. Postneoliberaler Paradigmenwechsel oder punktuelle staatliche Beruhigungspolitik?, in: PROKLA 191, Jg. 48 (2018), H. 2, S. 247–264; Andrej Holm, Wiederkehr der Wohnungsfrage, in: Bundeszentrale für politische Bildung (Hg.), Gesucht! Gefunden? Alte und neue Wohnungsfragen, Bonn 2019, 98–111.

Wenngleich der Ruf nach verstärkten Investitionen in den sozialen Wohnungsbau vor dem Hintergrund gegenwärtiger sozial-räumlicher Polarisierungstendenzen mit negativen demokratiepolitischen Implikationen mehr als berechtigt ist, wird in gegenwärtigen Debatten sozialer Wohnungsbau oft als Gegengift zum neoliberalen »Ausverkauf der Städte« in den letzten Jahren dargestellt. Indes deutet manches darauf hin, dass dem nicht unbedingt so ist.

Auch sozialen Wohnungsbau gibt es und gab es schließlich in neoliberalen Varianten, und zwar schon lange vor den 1990er Jahren. Eine entsprechende historische Realisierungsform ist die westdeutsche Wohnungspolitik nach 1945, deren Zielvorstellung es – anders als z. B. in Schweden – nie war, Teile des Wohnangebots langfristig zu dekommodifizieren. In Westdeutschland wurde soziales Wohnen unter anderem als Zwischenschritt zum Eigenheim auf dem Land, der »wahren Form« des Wohnens, konzipiert.

Es macht vor diesem Hintergrund also Sinn, nicht nur staatliche Investitionen in den Wohnungsbau zu fordern, sondern auch die impliziten und expliziten gesellschaftlichen Normvorstellungen, die diesen Investitionen zugrunde liegen, zu befragen und, gegebenenfalls, zu modifizieren. Es macht ebenso Sinn, die politischen Antworten auf die Wohnungsfrage in den Metropolen auf deren Effekte in der Peripherie zu befragen, diese Effekte sichtbar zu machen und, wiederum gegebenenfalls, zu politisieren.

SOZIALER WOHNUNGSBAU ALS TRITTBRETT ZUM EIGENHEIM

Wenngleich es zweifelsohne richtig ist, dass es in Deutschland ab den 1990er Jahren zu einer Liberalisierung des Wohnungsmarktes kam und, damit einhergehend, zur Privatisierung des sozialen Wohnungsbaus, ist es dennoch verkürzt, neoliberale Ausprägungen von Wohnungspolitik erst ab dieser Dekade zu denken. Denn während manche liberal-kapitalistischen Staaten, darunter Großbritannien, Schweden oder die Niederlande, nach 1945 ihre Investitionen in den sozialen Wohnungsbau als einen notwendigen Schritt in Richtung der Dekommodifzierung eines Grundbedarfs deuteten, von dem angenommen wurde, dass ihn der Markt nicht ausreichend decken könne, und während in sozialistischen Staaten wie der DDR das Wohnen zum Grundrecht erklärt worden war, wurden staatliche Investitionen in den Wohnungsbau in Westdeutschland zeitgleich als zwar notwendige, aber zeitlich limitierte »Zwischenlösung« bis zur (erhofften) Erholung des Marktes konzipiert.

In Westdeutschland hielt in den 1950er Jahren eine Spielart des Neoliberalismus Einzug: der *Ordoliberalismus*.[3] Dieser setzt, anders als seine marktradikalen Verwandten, durchaus auf die regulierende bzw. ordnende Kraft des Staates z. B. gegen unternehmerische Monopole und auch für so-

3 Vgl. Ralf Ptak, Vom Ordoliberalismus zur Sozialen Marktwirtschaft. Stationen des Neoliberalismus in Deutschland. Opladen 2004; Dieter Plehwe u. Philip Mirowski (Hg.), The Road from Mont Pèlerin. The Making of the Neoliberal Thought Collective, Cambridge, Mass 2009; Michel Foucault, The Birth of Biopolitics. Lectures at the College de France, 1978–1979, hg. v. Michel Senellart, New York 2008.

ziale Kohäsion – stets allerdings im Dienste eines marktwirtschaftlichen Ideals: des »vollen Wettbewerbs«[4]. Beeinflusst von der sogenannten Freiburger Schule, aus der mit Walter Eucken, Franz Böhm, Leonhard Miksch und Hans Großmann-Doerth die wichtigsten Vordenker des Ordoliberalismus hervorgegangen sind, war Ludwig Erhard – der »Vater« des westdeutschen Wirtschaftswunders nach 1945, dem ein »Wohnungswunder«[5] folgen sollte – der festen Überzeugung, dass Wettbewerb der Schlüssel zu beidem, Freiheit und »Wohlstand für alle«[6], sei.

Für die westdeutsche Antwort auf die nach 1945 zweifelsohne brennende Wohnungsfrage bedeutete das mehrerlei. Erstens implizierte Erhards ordoliberale Überzeugung, dass weder eine umfassende noch dauerhafte Dekommodifizierung des Wohnens – oder von Teilbereichen desselben – angestrebt wurde, sondern befristete Sozialbindungen. Günstig(er) wohnen konnte man also solange, wie Bauträger öffentliche Darlehen zurückbezahlten. Danach, meistens nach 25 Jahren, wurden Wohnungen (und ihre Mieter*innen) in den freien Markt entlassen. Zweitens drückte sich der ordoliberale Wettbewerbsglaube in der Gleichstellung von gemeinnützigen und privaten Bauträgern aus. Während in der Weimarer Republik der soziale Wohnungsbau beinahe ausschließlich in den Händen von Gemeinnützigen lag – ein Ausdruck der damals vorherrschenden Grundüberzeugung, gewisse gesellschaftliche Teilbereiche weniger marktwirtschaftlich und mehr zivilgesellschaftlich zu organisieren –, kam es in den 1950er Jahren zur Entprivilegisierung des Genossenschaftssektors. Infolge des dadurch erzielten direkten Wettbewerbs zwischen privaten und gemeinnützigen Bauträgern wurde der gemeinnützige Sektor entdemokratisiert und damit auch entpolitisiert. Drittens bedeutete die ordoliberale Nachkriegs-Wohnungspolitik ein Bekenntnis zu sozialer Differenzierung.

Letztere lässt sich durch einen Vergleich verdeutlichen: Während man in der DDR mittels staatlichem Wohnungsbau das Ziel verfolgte, eine »Klassengesellschaft eines neuen Typs« (Honecker) zu schaffen, in der Universitätsprofessoren neben Fabrikarbeiterinnen und Fabrikleiter neben Dichterinnen wohnen sollten – das Ziel mithin einer substanziellen und nicht nur nominellen Egalität –, schuf man in der Bundesrepublik ein Drei-Klassen-Modell: sozialer Wohnungsbau für weite Teile der Bevölkerung, Steuererleichterungen für die untere Mittelklasse und marktbasiertes Wohnen für die obere Mittelklasse.[7]

Ordoliberale Wohnungspolitik basierte auf gesellschaftlicher Stratifizierung und forcierte diese. Sie schuf auch ein zu erstrebendes »Wohnziel«: das Eigenheim auf dem Land, das als mustergültiges Umfeld für Familien dargestellt wurde, als – wie Erhards Parteifreund und Wohnbauminister Paul

4 Walter Eucken, Über die zweifache wirtschaftspolitische Aufgabe der Nationalökonomie [1947], in: Wolfgang Stützel (Hg.), Grundtexte zur Sozialen Marktwirtschaft, Stuttgart 1981, S. 229–239.

5 Dieter Hanauske, »Bauen, Bauen, Bauen …!« Die Wohnungspolitik in Berlin (West) 1945–1961. Berlin 1995, S. 68.

6 Ludwig Erhard, Wohlstand für alle, Düsseldorf 1957, S. 8.

7 Vgl. Der Senator für Justiz, Gesetz- und Verordnungsblatt für Berlin. Zweites Wohnungsbaugesetz [Wohnungsbau- und Familienheimgesetz] 1956, § 5, Berlin 1956; Margaret Haderer, »Economic Policies Are the Best Social Policies«: West German Neoliberalism and the Housing Question after 1945, in: The American Journal of Economics and Sociology, Jg. 77 (2018), H. 1, S 149–167.

Lücke meinte – idealer Nährboden für die »fruchtbarste Lebenszelle«[8] der Gesellschaft. Das Eigenheim auf dem Land wurde zudem als Gegenpol zur Großstadt stilisiert, dem Sinnbild für die Unzulänglichkeiten, Defizite, Fehlentwicklungen der Moderne.

Neben diesen familienpolitischen und zivilisationskritischen Rahmungen des Eigenheims sollte es aber vor allem den »Sparwillen« und die »Tatkraft« des (männlichen) Bürgers entfachen[9] und damit auch die Bereitschaft, Verantwortung für sich selbst, für die Familie und dadurch auch für die Gesellschaft zu übernehmen. Das Eigenheim galt demnach als Synonym sowohl für das »Geschafft-haben«, also für eine staatlich unterstützte soziale Mobilität nach oben, als auch für die im Allgemeinen neo- und im Speziellen ordoliberale Selbstsorge. Auch wenn vielen Bürger*innen der Wechsel vom Mieter*innen-zum Hausbesitz-Dasein nicht gelang bzw. erst gar nicht angestrebt wurde, die westdeutsche Wohnungspolitik zielte mit ihren Förderinstrumenten auf ebendiesen Wechsel ab.

Anders als Mieter*innen waren (und sind) Hausbesitzer größtenteils männlich.[10] Mit dem Pelz von Kleinhaus-Siedlungen, der sich in der Bundesrepublik ab den späten 1950er Jahren ausweitete, ging daher auch eine Re-Traditionalisierung der Geschlechterrollen einher. In den Fabriken wurden Frauen nicht mehr gebraucht und die Städte waren in den ersten Nachkriegsjahren bald von den Trümmern befreit. Zahlreiche Frauen wurden infolgedessen ins Private und in die unbezahlte Reproduktionsarbeit zurückgedrängt. Ihr neuer Arbeitsplatz war (wieder) der Herd. Und mit dem wirtschaftlichen Aufschwung in den 1960er Jahren kam noch eine neue Rolle hinzu: jene der Konsumentin.

Auch wenn beides, der suburbane Pelz von Kleinhaus-Siedlungen sowie die klassischen Geschlechterrollen, immer wieder so dargestellt wurde, war weder die Suburbanisierung noch die damit vielfach einhergehende Re-Traditionalisierung der Geschlechterrollen schicksalhaft. Es handelte sich vielmehr um den politischen Effekt einer neoliberalen Wohnagenda, die das Eigenheim als Ideal gegenüber dem Mietwohnen präferierte und entsprechend propagierte, sowie einer sozial-konservativen Familienpolitik, die ab den späten 1950er Jahren mit der industriellen Massenfertigung des Wirtschaftswunderzeitalters eine – wenn man so will – Ehe einging.

SO WHAT?

So mag man fragen und darauf muss, natürlich, abschließend geantwortet werden. Eine der drei Stoßrichtungen dieses Beitrages ist eine Sensibilisierung für frühe und spezifische Formen neoliberaler Antworten auf

9 Zweites Wohnungsbaugesetz, § 1.

10 Vgl. Pierre Bourdieu u. a., Der Einzige und sein Eigenheim, hg. v. Margareta Steinrücke, Hamburg 2006.

die Wohnungsfrage, die die Stadt, ihr Umland sowie die individuellen wie kollektiven Lebensformen nachhaltig prägten. Der Neoliberalismus ist definitiv kein »ein-dimensionaler Mensch«[11], sondern eine Wirtschafts- und Herrschaftsform mit diversen historischen Wurzeln und vielen Gesichtern – und (mindestens) »neun Leben«[12]. Dies sollte durch ein kurzes Ausleuchten westdeutscher Wohnungspolitik sichtbar gemacht werden, einer Wohnungspolitik, die üblicherweise nicht mit Neoliberalismus in Verbindung gebracht wird. Aber: Dem westdeutschen Wirtschaftswunder folgte ein Wohnungswunder, das zeitlich limitiert und sozial differenziert war und auf das Ideal des Eigenheims setzte.

Die zweite, daran anknüpfende Stoßrichtung dieses Textes ist das Hervorheben eines doch immer wieder in den Schatten gestellten Allgemeinplatzes: Wohnen ist nie einfach nur Ausdruck von individuellen Wünschen und Möglichkeiten, sondern zugleich von gesellschaftlichen Normen, Wertvorstellungen und Infrastrukturen. Weder das tendenziell niedrige soziale und kulturelle Ansehen der Sozialwohnung noch die tendenziell hohe soziale und

11 Plehwe u. Mirowski, S. 1

12 Dieter Plehwe u. a. (Hg.), Nine Lives of Neoliberalism, Brooklyn, NY 2020, S. 9.

kulturelle Bewertung des Eigenheims ist natürlich. Sie stellen stattdessen Sedimentierungen von Gesellschafts-, Besitz-, Familien- und Geschlechtervorstellungen dar, die Gegenstand politischer Auseinandersetzung waren, werden können und heute, vor dem Hintergrund der wiederkehrenden Wohnungsfrage, auch wieder sind.

Diesem Text liegt die Annahme zugrunde, dass Wohnen keine Ware sein sollte. Dazu bedarf es der staatlichen Intervention, die aber allein – wie ich hier zu zeigen versuchte – nicht nur nicht den Ausstieg aus der neoliberalen Logik, sondern potenziell sogar den Einstieg in deren Rekonfiguration bedeuten kann. Umso wichtiger ist es, Forderungen nach einer Dekommodifierzung des Wohnens in größere gesellschaftspolitische Überlegungen einzubetten und politisch in Stellung zu bringen.

Die dritte Stoßrichtung dieses Textes zielt darauf ab, den Verbindungslinien und Wechselwirkungen zwischen Entwicklungen in den urbanen Zentren (z. B. sozialer Wohnbau, gefördertes Wohnen) und Entwicklungen an der Peripherie (z. B. Einfamilienhaussiedlungen) mehr Aufmerksamkeit zu schenken. Die kritische Stadtforschung hat schon lange auf die Gefahr eines *»methodological cityism«*[13] hingewiesen, d. h. einer Konzentration auf innerstädtische Phänomene, welche die Wechselbeziehung zu Entwicklungen im Umland im Dunklen lässt. Zentrum und Peripherie sind keine Gegenpole, sondern kommunizierende Gefäße. Mit Blick auf die wiederkehrende Wohnungsfrage und mögliche Antworten darauf heißt das, Urbanisierungsprozesse sichtbar zu machen, die nicht nur die Metropolen, sondern auch das (Um-)Land umgestalten und damit ebenfalls die Lebensformen der betroffenen Bürger*innen sozial, ökonomisch, geschlechterspezifisch sowie ökologisch prägen.

13 Lorenzo de Vidovich, Suburban studies: State of the field and unsolved knots, in: Geography Compass, Jg. 13 (2019), H. 5, S. 1–14, hier S. 9; vgl. auch Margaret Haderer, Revisiting the Right to the City, Rethinking Urban Environmentalism: From Lifeworld Environmentalism to Planetary Environmentalism, in: Social Sciences, Jg. 9 (2020), H. 2, S. 1–13.

Dr. Margaret Haderer, geb. 1978, derzeit Post-Doc am Institut für Gesellschaftswandel und Nachhaltigkeit an der WU Wien, beschäftigt sich in ihrer Arbeit mit dem Zusammenspiel von gesellschaftspolitischen Idealen, Normen und Vorstellungen und sozial-räumlichen Strukturen und Praktiken.

HAUSBESETZUNG LOHNT SICH

DIE HAUSBESETZER*INNENBEWEGUNG WÄHREND DER UMBRUCHSZEIT 1989/90 IN OST-BERLIN

Ξ Dirk Moldt

Hausbesetzungen sind ein weithin bekanntes Phänomen der urbanen Gesellschaft. Eine zusammenfassende Geschichte der Hausbesetzerbewegung ist meines Wissens nie erschienen. Sie schreiben zu wollen, droht allein schon an der Schwierigkeit zu scheitern, sie einzugrenzen. Immerhin scheint das Phänomen inzwischen auch in der seriösen Publizistik und in der Wissenschaft angekommen zu sein.[1] Haus- und Grundstücksbesetzungen zur eigenen dauerhaften Nutzung gehören zu den vielfältigen Formen der Selbstermächtigung, des gewaltfreien Inbesitznehmens (abgesehen etwa von unbefugt geöffneten Türen) und der Nutzung fremden Eigentums in friedlichen, also außerhalb von Kriegs- und Revolutionszeiten.[2] Solche Selbstermächtigungen gehören zu den ältesten historischen Konstanten der Menschheit. Dass Politiker, Sicherheitsleute oder die den Tagesgeschäften verpflichteten Medien, vor allem aber Klientelvertreter von Haus- oder Bodeneigentümern genau das Gegenteil glauben zu machen versuchen, indem sie Besetzer*innen kriminalisieren und ihr Wirken jeweils als temporäre Inselereignisse darstellen, ist ein integraler Bestandteil dieser Konstante.

Vier Beispiele aus verschiedenen Zeiten und Regionen öffnen den Blick auf die Vielschichtigkeit des Phänomens: Landbesetzungen in lateinamerikanischen, afrikanischen oder asiatischen Ländern sind immer wieder auftretende Formen der Selbstermächtigung, unabhängig davon, ob sie aus Protest geschehen, oder weil die Besetzer*innen schlichtweg eine Lebensgrundlage benötigen. Sie werden auch nicht überall von vornherein verfolgt. Immer wieder kommt es nach Besetzungen zu einvernehmlichen Lösungen zwischen Besitzer*innen und Besetzer*innen, die es diesen ermöglicht, auf dem besetzten Land zu bleiben.[3]

Ein weiteres Beispiel: Der mittelalterliche Sachsenspiegel, ein Rechtsbuch aus dem ersten Drittel des 13. Jahrhunderts, nach dem in vielen deutschen und osteuropäischen Ländern mehrere Jahrhunderte lang Recht gesprochen wurde, regelte die friedliche Inanspruchnahme fremden Landes wie die einer Fundsache: Nach Jahr und Tag der öffentlichen Verkündung der

1 Christine Bartlitz, Die Mainzer Straße in Berlin-Friedrichshain von 1894 bis heute, URL: https://mainzerstrasse.berlin/; Dies. u. a. (Hg.), Traum und Trauma. Die Besetzung und Räumung der Mainzer Straße 1990 in Ost-Berlin, Berlin 2020, i.E.; David Amacher u. a., Wem gehört(e) der Boxi?, URL: https://interaktiv.tagesspiegel.de/lab/wem-gehoert-der-boxi; Toni Grabowsky, Berlin Besetzt. Illustrierte Karte zu Hausbesetzungen in Berlin, URL: http://www.berlin-besetzt.de/ [beide eingesehen am 15.07.2020].

2 Die Besetzungen während der Friedlichen Revolution 1989/90 werden hier hinzugezählt, obwohl Revolutionszeiten mitunter äußerst gewalttätig verlaufen.

3 Vgl. etwa Angelika Hinterbrandner u. Jan Westerheide, Besetzung. Alternative Besitzform von Grund und Boden, in: ARCH+. Zeitschrift für Architektur und Urbanismus, H. 232/2018, S. 97–101.

Inanspruchnahme bekam man das Recht der Nutzung zugesprochen, wenn niemand Widerspruch einlegte und sein älteres Recht daran nachwies.[4]

Noch ein Beispiel: Im Juni 1987 drohten die Angehörigen widerständiger Basisgruppen im Vorfeld des Kirchentags von Unten der Kirchenleitung der evangelischen Kirche Berlin-Brandenburg unverhohlen mit der Besetzung einer Kirche für den Fall, dass sie kein angemessenes Kirchentagszentrum zugesprochen bekämen. Der Kirchentag von Unten führte zu einer intensiven Vernetzung von widerständigen Gruppen in der DDR und damit zu einer neuen Dynamik der vorrevolutionären Ereignisse.

Das vierte Beispiel fällt in die Gegenwart: Am Anfang des inzwischen weltweit verbreiteten Urban Gardening standen nicht etwa grundsolide Pachtverträge: Maßgeblich war die Idee, brach liegende, vernachlässigte Zonen als dringend benötigte Ressourcen zu erkennen, um sie in lebensfreundliche Orte umzuwandeln und gemeinschaftlich für alle zu nutzen. Urban Gardener verstehen ihr Tun als politisch.[5]

FREIHEIT DER NUTZUNG UND ÖFFENTLICHES INTERESSE. VORAUSSETZUNGEN FÜR BESETZUNGEN

Zwischen den Geboten »Jeder darf mit seinem Eigentum verfahren, wie er will« und »Eigentum verpflichtet« liegen scheinbar Welten. Das Problem besteht nicht darin, dass die einen besitzen und andere nicht oder in dem von Marxisten postulierten Widerspruch zwischen gesellschaftlicher Produktion und privatkapitalistischer Aneignung, sondern darin, ob es gestattet ist, dass vermögende Menschen mit dem Zweck, mehr zu verdienen, anderen Menschen Schaden zufügen können, sie ärmer machen und vertreiben dürfen.

Klientelvertreter, Lobbyisten und Marktideologen erklären unter Hinweis auf das öffentliche Interesse, dass jeder strikt gewinnorientierte Umgang mit Privatbesitz auch der Gesellschaft zugutekommt, selbst wenn er einigen zum Schaden gereicht. Freunde sozialistischer Ideologien hingegen plädieren, ebenfalls auf das öffentliche Interesse hinweisend, für weitgehende Enteignungen ab einer bestimmten Größe des Privateigentums. In der DDR spielte die Vorstellung von Volkseigentum eine immens wichtige Rolle im Selbstbild einer gerechten Gesellschaft; in der Realität befand es sich jedoch in der Verfügungsgewalt der Staatsmacht. Die Ironie liegt darin, dass auch im sozialistischen Staat Wohnungen und Häuser besetzt wurden, wenngleich nicht so demonstrativ und öffentlichkeitswirksam wie im Westen.

Eine wichtige Voraussetzung von Besetzungen ist also immer das Interesse der Öffentlichkeit und ein mehr oder weniger verbreitetes Verständnis für die Legitimität neuer, als sinnvoll angesehener Nutzungen durch Besetzer*innen.

4 Vgl. Eike von Repgow, Der Sachsenspiegel, hg. v. Claudieter Schott, Zürich 1996, Zweites Buch, Nr. 44, S. 135.

5 O. V., Autoreninterview. Christa Müller, in: urban-gardening.eu, URL: http://www.urban-gardening.eu/autoreninterview [eingesehen am 15.07.2020].

Andernfalls hätten Besetzungen kaum eine Chance auf Erfolg. Dies scheint auch der Grund dafür zu sein, dass Besetzungen nicht automatisch, sondern erst auf Antrag der Eigentümer*innen als Hausfriedensbruch verfolgt werden.

Das Verständnis eines beträchtlichen Teils der Öffentlichkeit für Eingriffe in vorhandene Eigentums- und Nutzrechte wächst stets dann, wenn es sich um eine offenkundig rechtswidrige Nutzung des Eigentums handelt. Aber auch gesetzeskonformes Agieren von Eigentümer*innen kann zu Forderungen nach Nutzungsänderung und sogar Enteignungen führen, wenn es als unfair oder unmoralisch empfunden wird, etwa im Falle spekulativen Leerstandes oder überteuerter Mietforderungen. Allerdings reagiert der Gesetzgeber meist zu langsam, oft zu spät. Das freie Nutzungsrecht über Eigentum ist jedenfalls nicht unumstößlich. Es ist besonders der persönliche Lebens- und Rückzugsbereich des Wohnens, für den die Öffentlichkeit ein empfindliches Sensorium besitzt. Sie mobilisiert im Falle der Wahrnehmung ungerechten Handelns, konkret gegen das als schamlos und gesellschaftsgefährdend empfundene Profitstreben etwa auf dem Berliner Wohnungsmarkt.[6]

OFFENE SITUATIONEN

Neben der Befürwortungen eines beträchtlichen Teils der Öffentlichkeit von Besetzungen mit dem Ziel, Eigentum verantwortlich zu nutzen, braucht es dafür auch Menschen, die über alternative Nutzungskonzepte verfügen, die bereit sind, im Sinne zivilen Ungehorsams nichtlegale Wege zu beschreiten und die mit der provisorischen und vorläufigen Situation der Hausbesetzung zurechtkommen. Eben diese ungewisse Situation ist zumeist die größte Herausforderung für die Öffentlichkeit, denn einerseits befürwortet sie diese Proteste gegen unverantwortliche Eigentumsnutzungen, tut sich aber andererseits schwer mit der offenkundigen Verletzung des Eigentumsrechts – immerhin eines der wichtigsten materiellen Rechte und damit eine der zentralen Säulen der bürgerlichen Gesellschaft.

Das menschliche Vermögen, solche offenen Situationen auszuhalten, ist ganz unterschiedlich ausgeprägt. Dabei können sie zu enormen Gestaltungsspielräumen werden und Neues entstehen lassen. Besonders in politischen Umbruchszeiten wie 1989/90 konnte man das vor allem in Ost-Berlin beobachten. Betriebe, Häuser, Kneipen wurden besetzt, dem Staatseigentum genommen und diesmal tatsächlich vergesellschaftet. Dass Teile der Ordnungsmacht in dieser Zeit oft nur noch ein handlungsunfähiger formaler Schatten ihrer einstigen rigiden Durchgriffsfähigkeit waren, zeigt sich an einem besonders markanten Beispiel. Künstler*innen hatten es fertiggebracht, zwei sowjetische MiG-Kampfjets aus NVA-Beständen zu stehlen, um sie dem

6 So war die Unterschriftensammlung für ein Volksbegehren »Deutsche Wohnen & Co enteignen« in Berlin durchschlagend erfolgreich. Das entsprechende Volksbegehren wurde dann allerdings vom Berliner Senat verzögert.

trashigen, verrucht-avantgardistischen Kunstbetrieb Tacheles in der Oranienburger Straße zuzuführen. Es war ganz einfach: Tor auf, Sattelschlepper ran, Flugzeuge rauf, los ging's. Niemand stellte sich dazwischen, nicht einmal, als die gefürchteten Kampfmaschinen – Symbole der militärischen Hochrüstung im Kalten Krieg – durch die dicht besiedelte Berliner Innenstadt zuckelten.

BERLINER HAUSBESETUNGSTRADITIONEN

Die Berliner Hausbesetzer*innen-Bewegung der 1990er Jahre hatte zwei lokal und historisch nahe liegende Anknüpfungsmomente: die Hausbesetzer*innen-Bewegung in West-Berlin Anfang der 1980er Jahre und die stillen Wohnungsbesetzungen in Ost-Berliner Altbauvierteln seit den 1970er Jahren. Die von manchen Politikern gewiss auch gut gemeinte Sanierungspolitik in West-Berlin Ende der 1970er Jahre führte zu flächendeckenden Entmietungen, Leerständen und Abriss in Altbaugebieten, trotz Wohnungsnot. Unübersehbar war die enge Verbindung von Politik und Bauunternehmern. Die Öffentlichkeit verstand die unangemessene Vorgehenswese der Polizei gegen Besetzer*innen und Protestierende oft nicht. Von den zwischen 1979 bis 1984 besetzten zweihundert Häusern wurden etwa einhundert legalisiert. Für die architektonische Topografie der Stadt entscheidend war das damit zusammenhängende Umdenken in Richtung behutsamer Sanierung. Die bunte und alternative Szene West-Berlins wurde von außen immer im Zusammenhang mit dem Hausbesetzer*innenmilieu wahrgenommen, was auch in den Ostteil der Stadt ausstrahlte.

Die Vorgeschichte der Hausbesetzer*innenbewegung der 1990er Jahre hängt außerdem unmittelbar mit den Ursachen der Friedlichen Revolution 1989/90 zusammen, zu denen neben der Abschaffung der SED-Herrschaft auch ein immenser Reformstau gehörte. Im Politbüro hatte man auf ein ehrgeiziges Wohnungsbauprogramm mit genormten Neubauten gesetzt und dabei die Erhaltung alter Bausubstanz stark vernachlässigt. Tausende staatseigene und kommunal verwaltete Häuser verfielen zusehends. Signifikant war dies in den Altbaugebieten der Großstädte, wo – nicht zuletzt aus Gründen der nach wie vor bestehenden Wohnungsknappheit – eigenmächtige Wohnungsbesetzungen in den 1970er und 1980er Jahren von den kommunalen Behörden meist toleriert wurden.[7] Dies bedingte den Zuzug von Menschen mit alternativen Lebensvorstellungen in die Altbaugebiete. Um 1990 kursierte die Zahl von 25.000 leerstehenden Wohnungen allein in Ost-Berlin. Im Zuge der Revolution 1989/90 verschwand nicht etwa die behördliche Aufsicht, sondern die Angst der Menschen vor Verfolgung durch die Sicherheitsbehörden. Nach Öffnung der Grenze zu West-Berlin, wo weitaus größere Wohnungsknappheit

7 Vgl. URL: https://www.jugendopposition.de/themen/145418/wohnungsbesetzungen-ost-berlin [eingesehen am 18.08.2020]. Sogar Angela Merkel bekannte sich einmal in einem Gespräch mit Schüler*innen als ehemalige Wohnungsbesetzerin, vgl. millaialfons, »Dann bin ich da eingebrochen!«, in: Spiesser, 04.09.2013, URL: https://www.spiesser.de/artikel/dann-bin-ich-da-eingebrochen [eingesehen am 15.07.2020].

herrschte, siedelten viele junge Leute nach Ost-Berlin über. Von den etwa 130 besetzten Häusern wurden nach und nach etwa hundert legalisiert.

DIVERSITÄT DER SZENE

Hausbesetzungsbewegungen sind oft dann erfolgreich, wenn sie von einem heterogenen Milieu und vielfältigen Szenen getragen werden. Bereits die verschiedenen Besetzungs-Modi während der *Revolutionsmonate* lassen erhebliche Unterschiede bei den Besetzer*innen erkennen. Die Bewohner*innen des Hauses Schönhauser Allee 20 hatten seit Sommer 1989 nach und nach einzelne Wohnungen besetzt. Es waren zumeist Jugendliche und junge Erwachsene aus dem Punk- und Hippiemilieu, die regelmäßig die Kirche von Unten (KvU) und KvU-Antifa-Veranstaltungen besuchten und teilweise auch zu deren Unterstützer*innenkreis gehörten. Im Dezember 1989 erklärten sie das ganze Haus in der Schönhauser Alle 20 als besetzt, womit erstmals in der DDR der Schritt zu einer Hausbesetzung als politischer Aktion vollzogen wurde. Die erste »richtige« Hausbesetzung in Ost-Berlin mit initialem Gruppeneinzug erfolgte eine Woche später am 30. Dezember 1989 in der Friedrichshainer Schreinerstraße 47 durch Angehörige der KvU. Weitere Hausbesetzungen in Mitte, Prenzlauer Berg und Friedrichshain folgten unmittelbar. Die Öffentlichkeit erreichten Besetzer*innen-Projekte durch verschiedene kulturelle Angebote und Einrichtungen, darunter etwa der Eimer in der Rosenthaler Straße als Konzert- und Kulturhaus, das ACUD in der Rykestraße als Galerie und Kulturhaus, die Köpi in der Köpenicker Straße als Konzerthaus, das Bandido Rosso in der Lottumstraße, der Schokoladen in der Ackerstraße und natürlich auch das schon erwähnte Tacheles in der Oranienburger Straße. Für die traditionellen Ost-Berliner Verhältnisse war das schon sehr bunt. Mit zur Szene gerechnet wurden auch Häuser wie jenes in der Fehrbelliner Straße 7, das von Mitarbeitern der Berliner Umwelt-Bibliothek und von Musikern bereits zu DDR-Zeiten durch stille Besetzungen in Beschlag genommen worden war. Merkwürdigerweise ging in der Friedrichshainer Simon-Dach-Straße, einem Hotspot der Ost-Berliner Hausbesetzer*innenszene, das Haus Nummer 11 fast unbemerkt an den Markt verloren. Die Besetzer*innen des seit 1987 allmählich besetzten Hauses gründeten eine Hausgemeinschaft und akquirierten zu DDR-Zeiten staatliche Gelder für gemeinsame Projekte, zum Beispiel Hausfeste, die als rauschende Szenepartys legendär wurden.

Friedrichshainer Hausbesetzer*innen verfolgten die Wohnungspolitik der Kommunalen Wohnungsverwaltung (KWV) sehr aufmerksam. Als Anfang 1990 bekannt wurde, dass die Mittel für die Sanierung der Straßenzüge von

Mainzer und Kreutziger Straße nicht reichten und über einen Abriss gesprochen wurde, alarmierten sie ganz unterschiedliche Szenen in Kreuzberg. Die beiden Straßenzüge, aber auch leerstehende Häuser in der Rigaer Straße wurden daraufhin – um den ersten Mai 1990 herum – besetzt, vornehmlich von Leuten, die aus der Bundesrepublik über West-Berlin nach Friedrichshain kamen. An West-Berliner Unis kursierten sogar Listen, anhand derer sich Studierende informieren konnten, welche Häuser leer stehen und besetzt werden könnten. Weitere Gruppen kamen aus der LGBTQ-Szene, die eigene Häuser besetzten, und auch *Colored People* unterhielten in der Grünberger Straße in Friedrichshain eine WG. Aber auch Treberkids, obdach- und arbeitslose Jugendliche und Menschen aus Osteuropa, die in Berlin strandeten, wurden zu Besetzer*innen. Die Wohnungsverwaltungen stellten sich dem Zulauf nicht grundsätzlich in den Weg und obwohl es immer wieder zu Irritierungen kam, wurden meistens Duldungen ausgesprochen. Verträge mit den Stadtwerken über Müll, Wasser, Abwasser, Strom und Gas, wie vereinzelt auch mit Tischlerwerkstätten, Glasern, Klempnern und anderen Handwerken, waren grundlegend für das infrastrukturelle Funktionieren der vielen neuen Wohnformen und Kultureinrichtungen.[8] Der in diesem Kontext oft vernehmbare Begriff der »rechtsfreien Räume« im damaligen Ost-Berlin trifft die historischen Umstände jedenfalls nicht.

8 Eine sehr schöne Beschreibung der Heterogenität der Besetzungen stammt aus der Feder des seit Mitte der 1980er Jahre in Berlin lebenden Amerikaners Paul Hockenos, »Zero Hour: The First Days of New Berlin«, in: Boston Review, 06.11.2019, URL: http://www.bostonreview.net/world/paul-hockenos-untold-story-berlin-wall-east-germany [eingesehen am 15.07.2020] sowie ders., Berlin Calling. A Story of Anarchy, Music, the Wall and the Birth of the New Berlin, New York 2017, S. 201–235.

Vielfältig waren die hausinternen Konfliktlinien, etwa zwischen Kompromiss- und Maximalforderungsfraktion. Die verschiedenen Positionen forderten Verträge für alle Häuser oder auch für Einzelhäuser, Hausverträge oder Einzelmietverträge. Ist das Haus vor allem politisches Mittel an der Häuserfront oder »nur« Wohnprojekt und soziokulturelles Zentrum, Militanz, ja oder nein? Natürlich gab es auch immer Reibungen zwischen vermeintlicher Avantgarde und unterstellter Hänger- und Spaßfraktion, mitunter auch zwischen Besetzer*innen mit Kindern und solchen ohne. Es gab Auseinandersetzungen zwischen Angehörigen ganz unterschiedlicher Milieus, zwischen Studierenden, Arbeitslosen, Freiberuflern, Treberkids, verschiedenen Ausländer- und Anti-Imp-Gruppen, politischen Splittergruppen und nicht zuletzt auch zwischen Politischen und Unpolitischen (zu denen manche die »Nur«-Künstler zählten). Eine Rolle spielte natürlich auch die Ost- oder West-Sozialisierung.

Die Ost-Berliner*innen standen den Besetzungen zunächst offen gegenüber, entsprachen sie doch dem Reformgedanken von einer sinnvollen Nutzung der Häuser. Zu Konflikten kam es dann im alltäglichen Zusammenleben, etwa wenn Hausbesetzer*innen spätabends zu laut wurden. Allerdings gab es etwa in der Mainzer Straße ein Aufeinander-Zugehen mittels der Schlichtungsinstitution des Runden Tisches. In der »normalnachbarschaftlichen« Betrachtung kam es so oft zu einer Unterscheidung zwischen »guten« und »schlechten« Besetzer*innen.

GEWALTERFAHRUNGEN

Wenn wir von Besetzer*innen in Berlin sprechen, dann sind das meist Bewohner*innen seit Jahrzehnten legalisierter Besetzer*innenprojekte. Öffentlichkeitswirksam umstritten sind aktuell drei bis vier einzelne Besetzungsräume, die medial zu Brandherden und Flächenbränden hochstilisiert werden. Bis auf wenige Ausnahmen bestreiten Besetzer*innen den Sinn eines staatlichen Gewaltmonopols nicht, zumal auch sie sich im Notfall an die Polizei wenden. Problematisch wird es, wenn die Polizei nicht als überparteiliche Ordnungsmacht in Erscheinung tritt, sondern sich etwa in Wahlkämpfen von Politikern missbrauchen lässt, die ihr ordnungspolitisches Profil geschärft sehen wollen. Es ist auch nicht im Sinne eines gedeihlichen Zusammenlebens, wenn keine politische Aufarbeitung solchen wie auch anderen polizeilichen Fehlverhaltens stattfindet. An einem Ort in Berlin sind die Erfahrungen mit der staatlichen Ordnungsmacht (wie auch umgekehrt mit Besetzer*innen) so schlecht, dass jahrelange vertrauensbildende Maßnahmen notwendig wären, um zu normalen Verhältnissen zurückzukommen.

Gewalterfahrungen machten Besetzer*innen auch durch von Hausbesitzer*innen bezahlte Rollkommandos. Schwerwiegender aber waren die Attacken von Neonazis, besonders nach Fußballspielen. Die Polizei half nicht immer. Dies lag nicht etwa an einer fast immer zu Unrecht unterstellten Sympathie für Rechtsradikale, sondern schlicht daran, dass sie immer zu spät kam. Die Folge war eine Mobilisierung unter den Hausbesetzer*innen zur Verteidigung gegen brutale neonazistische Übergriffe. Ich selbst mag es mir nicht gern eingestehen, aber an diesem Punkt trug die Militanz der Besetzer*innen zu Beginn der 1990er Jahre entscheidend dazu bei, dass diese Übergriffe aufhörten und zivilgesellschaftliche und widerständige Strukturen in den betroffenen Kiezen entwickelt und gestärkt werden konnten.

AUSBLICK

Wie steht es heute um die über zweihundert Hausprojekte von damals? Sicher ist, aufgrund ihrer Legalisierung als Genossenschaft oder in anderen Non-Profit-Formen haben sie fast ausnahmslos keine Probleme mit überteuerten Mieten.[9] Hausbesetzung lohnt sich also. Grundsätzlich sind Hausprojekte auch eher in der Lage, den wechselnden Raumbedarf im Leben ihrer Bewohner*innen selbst auszugleichen, als es der freie Markt vermag. Anfragen von außerhalb, in das Projekt ziehen zu dürfen, liegen immer vor. Die Häuser, bei je unterschiedlicher Entwicklung, wirken in den Kiezen stabilisierend, werden genossenschaftlich verwaltet und haben immer auch einen Blick auf die Nachbarschaft. Ehemalige Besetzer*innen engagieren sich in Einwohnerinitiativen und sind immer erste Ansprechpartner für Straßenfeste, Bürgerinitiativen, Kulturveranstaltungen oder beispielsweise für die Unterstützung Geflüchteter. Viele Kinder der Besetzer*innen sind heute älter, als ihre Eltern zur Zeit der Besetzung waren. Was es für sie bedeutet, in einem solchen Hausprojekt aufgewachsen zu sein, wird auch Teil eines Ausstellungsprojektes über die 1989/90er Hausbesetzungen sein, das im Dezember 2020 in der Friedrichshainer Alten Feuerwache eröffnet wird.

9 Vgl. hierzu den Artikel von Tobias Bernet in diesem Heft.

Dirk Moldt, geb. 1963, aufgewachsen in Berlin-Pankow, Uhrmacher. Seit 1983 Mitarbeit in der Offenen Jugendarbeit Berlin, 1987 Kirche von Unten und Umwelt-Bibliothek, 1996–2002 Studium Mittelalterliche und Neue Geschichte sowie Osteuropastudien, 2007 Promotion. Seit 2016 Archiv und Sammlungsleiter im Museum Lichtenberg. Publiziert u. a. über Geschichte des Mittelalters sowie über Stadt- und Widerstandsgeschichte.

REVOLUTIONEN DES WOHNENS

VON ERNIEDRIGENDER UND ERHEBENDER ARCHITEKTUR

Ξ Ludger Schwarte

Die Frage kann nicht sein, ob, sondern wie genau Architektur Gesellschaft gestaltet. Dies geschieht nicht nur durch die symbolischen Formen der Architektur, als die man Volumen, Raumeinteilungen, Anordnungen, Farben, Materialauswahl und sichtbare Funktionen betrachten kann. Aber Ghettos, Lager oder Schlachthöfe sind keine Symbole, deren Bedeutung es zu interpretieren gälte. Aus meiner Sicht greift deshalb jeder Ansatz zu kurz, der das Augenmerk nur auf die Ästhetik des gebauten Raumes richtet oder Architektur als Symbolsystem auf intendierte Bedeutungen reduziert.

Das gilt nicht nur für die Architektur der Stadt, sondern für jedes Kinderzimmer. Und zwar aus folgendem Grund: Wie jeder von uns in der Corona-Krise erlebt hat, ist es keine Frage kommunikativer Codes oder sozialer Anerkennung, sondern etwas körperlich Reales, ob man sich mit dem Virus ansteckt oder nicht. Wie viele Personen sich wo und in welchem Abstand aufhalten können, ohne sich zu infizieren, ist in erster Linie eine architektonische Frage; ebenso wie jene danach, wie viele Personen sich wo und in welchem Abstand weiterhin aufhalten müssen, damit sich freies Handeln und demokratische Politik erhalten. Deshalb schlage ich vor, unter Architektur nicht nur Werke diplomierter Architekt*innen zu fassen, sondern all das, was die menschliche Lebenswelt strukturiert.

Architektur – von griechisch *arché* und *tektainomai* – ließe sich übersetzen als »Bauen eines Anfangs« oder »Legen eines Grundes«. Wir könnten nun in anthropologischer Hinsicht fragen, inwiefern das Bauen kennzeichnend ist für den Menschen und worin es sich unterscheidet vom Fuchsloch, vom Spinnennetz, vom Vogelnest, vom Bienenstock. Ein wichtiger Unterschied liegt darin, dass Architektur sowohl die physischen Lebensbedingungen bereitstellt, als auch die Möglichkeit der Überschreitung des Physischen und Biologischen eröffnet. Das Leben in der Gemeinschaft ist für uns kein Zwang. In bestimmter Hinsicht ist Architektur die Grundlage von Freiheit: Nicht nur Gefängnisse, sondern auch Einsiedlerhütten, Versammlungsräume, Demonstrationsrouten und Parlamente sind Architektur. Ebenso Exile und Utopien.

INDES, 2020-2, S. 53–60, © Vandenhoeck & Ruprecht GmbH & Co. KG, Göttingen, 2020, ISSN 2191-995X

Der Begriff der Architektur umfasst entsprechend alle Optionen und Kontingenzen, auf denen die Strukturen der hegemonialen Lebenswelt beruhen; er umfasst damit auch jene Möglichkeiten, die durch eine konkrete Architektur verdrängt oder gar verschlossen werden; er umfasst die Parameter des Erscheinens und Existierens, die Koordinaten der Orientierung (Raum, Zeit), die Möglichkeiten zur Ausbildung der Sinne, die Dimensionen von Sinn und Erfahrung; er umfasst die Handlungsmöglichkeiten, die Arten des Handelns, die Bestimmung dessen, was als (gelingendes) menschliches Leben gilt. Wie wir unsere Hände, Arme und Beine, unsere Ohren und Augen nutzen, wie wir unseren Geschmack und unser Tastgefühl entwickeln, hängt von den Räumen ab, in denen wir uns aufhalten, die wir durchqueren, und von den Körpern, die uns darin begegnen, wie auch vom *Wie* dieser Begegnung, von den Qualitäten und Atmosphären, von der Art des Miteinanders.

Architektur gestaltet also Gesellschaft, indem sie von der Geburt über die ersten Schritte bis zum Spracherwerb und darüber hinaus die Bedingungen beeinflusst, unter denen sich unsere Körperlichkeit im sozialen Umfeld entwickelt. Sie zeigt an, was für ein Umfeld dies ist: Ist es eine Kleinfamilie oder eine Großfamilie? Gibt es eigene Räume für die Kinder oder nur ein Zimmer für alle? Ist es eine Flüchtlingsbehausung oder ein Bauernhof? Existieren abjekte Zonen, Bereiche des Intimen und Verborgenen? Architektur richtet in gigantischen wie in kleinsten Maßstäben Verkehrs- und Kommunikationswege ein. Ob es in unserem Umfeld Schulen gibt, Produktionsstätten, Märkte, soziale und politische Infrastruktur – all dies beeinflusst, ob der Ort, an dem wir leben, geeignet ist, uns etwas anderes sein zu lassen als vor sich hinvegetierende Körper. Wir wachsen an Architekturen, wir werden darin Mensch. Darüber hinaus symbolisiert Architektur

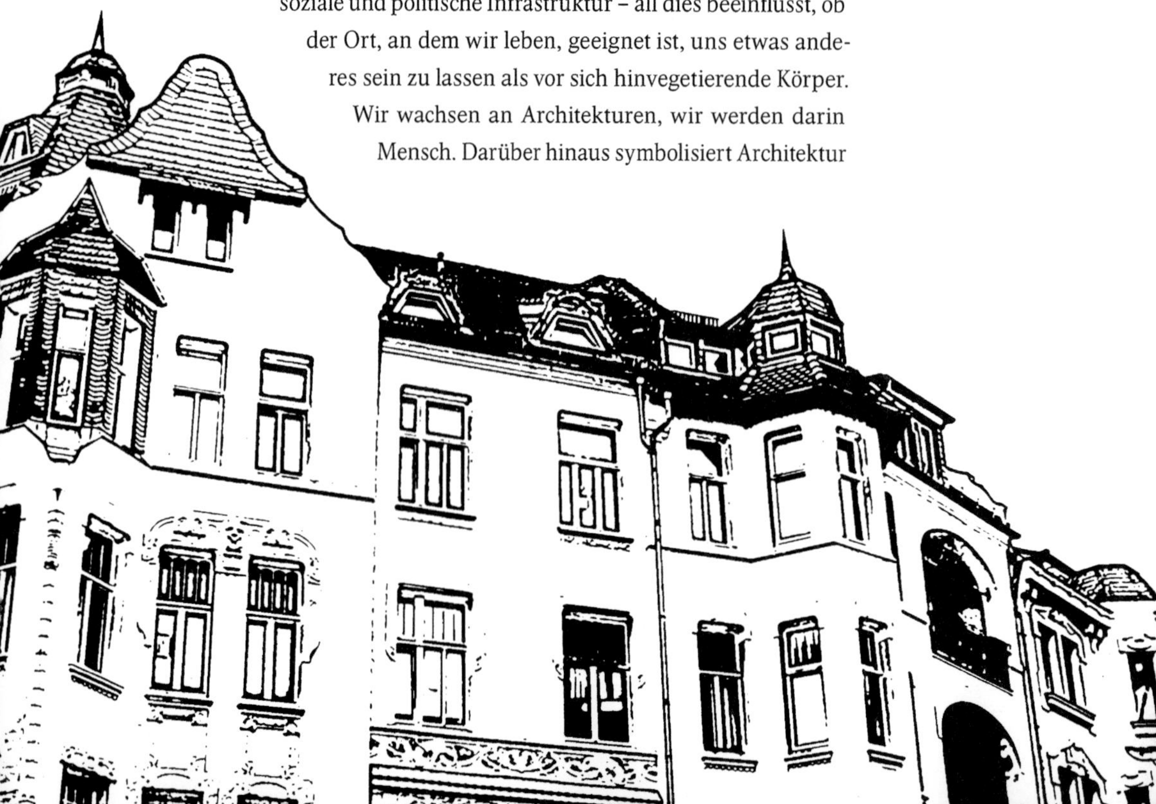

soziale Verhältnisse und repräsentiert Herrschaft: Kirchen, Schlösser, Wolkenkratzer zeigen, wer wir sein wollen in der Welt, Gefängnisse und Friedhöfe zeigen an, was wir geworden sind.

Nicht nur im Falle von Kinderzimmern und Schlössern wird die jeweilige Gesellschaftsform und der Typ politischer Herrschaft von Architektur symbolisiert. Sie fungiert immer als Bedeutungsträger. Diese Bedeutung wird nicht nur durch Zeichen, durch symbolische Architektur, sondern auch auf körperlicher Ebene vermittelt. Architektur fungiert hier als Medium des Sozialen und prägt uns heute zumeist durch Türhöhen, Fensterhöhen, WC-Einrichtungen etc. den männlichen Normkörper ein. Aber Architektur ist nicht nur Bedeutung und Medium, sondern – grundlegender noch – die physische Bedingung der Teilhabe an der Gesellschaft.

Dies zeigt sich geschichtlich sehr unterschiedlich: Die fortschreitende Industrialisierung und der Massenwohnungsbau haben dazu geführt, dass die Fabriken als Stätten der Produktion und Wohnungen als Stätten der Reproduktion in die Vorstädte verlagert worden sind. Verbunden mit überfüllten Transportwegen führte dies für die meisten Menschen zu einem Ausschluss aus der Urbanität. Schon 1968 hat Henri Lefebvre aus dieser Beobachtung ein »Recht auf Stadt« und auf eine Architektur der Genüsse abgeleitet.[1] Eine Revolution der Städte! Anstatt sich nach der entfremdeten Arbeit in Schachteln, Käfigen oder Wohnmaschinen einschließen zu lassen, die denselben Oligarchen gehören wie die Produktionsmittel, muss es erkämpft werden, so Lefebvre, dass die urbanen Qualitäten kollektiv genutzt und gestaltet werden.

Zur selben Zeit, als Lefebvre die Aufteilung des sozialen Raums und seine Verwandlung in eine Ware kritisiert hat, konnten feministische Theoretikerinnen wie Mariarosa Dalla Costa und Silvia Federici mit Blick auf die Lebensverhältnisse in industrialisierten Städten aufzeigen, dass erst in unserer Epoche Frauen in die Wohnungen verbannt und zur Erledigung der nie endenden Hausarbeit, zur Produktion und Erziehung von Arbeitern, zur Fürsorge, zur Aufrechterhaltung des Betriebs verdammt wurden. Wohnungen sind die zuweilen goldenen Gefängnisse, in denen die Frauen, trotz ihrer apparativ aufgerüsteten Küchen, sozial isoliert werden.[2]

Weder ein hoher Lohn für Hausarbeit noch die Abschaffung des Kapitalismus (wie die Erfahrung der DDR gelehrt hat) oder mehr Quadratmeter pro Frau werden diese entrechtende Machtasymmetrie überwinden, da sie allzu oft in der Architektur angelegt ist. Auch mehr Komfort und Technologisierung ändern an der Vereinsamung, an der stillschweigenden Verpflichtung zur Wiederherstellung der Arbeitskraft, an der vorprogrammierten häuslichen Gewalt, an der Unterwerfung unter Geschlechternormen nichts. Im

1 Henri Lefebvre, Das Recht auf Stadt, Hamburg 2016; ders., Toward an architecture of enjoyment, Minneapolis 2014.

2 Mariarosa Dalla Costa, »Die Frauen und der gesellschaftliche Umsturz«, in: dies. u. Selma James (Hg.), Die Macht der Frauen und der Umsturz der Gesellschaft. Berlin 1973, S. 27–66, hier S. 36; Silvia Federici, Wages against Housework (1975), Why Sexuality Is Work (1975), Counterplanning from the Kitchen (1975), in: dies., Revolution at Point Zero – Housework, Reproduction and Feminist Struggle, Oakland 2012, S. 15–41.

Gegenteil: Auch an der Abhängigkeit der vermeintlichen Privatsphäre von Eigentums- und Produktionsverhältnissen wird sich so lange nichts ändern, wie wir unsere Lebensformen von der Architektur des Wohnens ableiten. Der Kampf gegen die Verpflichtung der Frauen zur Sorge um das Wohnen und die Familie, der Kampf gegen die ausbeuterische Hausarbeit und die entfremdete Reproduktion muss auch eine Veränderung der Wohnungen implizieren. Und diese beginnt mit einer anderen Architektur.

EINE REVOLUTION DER WOHNVERHÄLTNISSE

Die Unterwerfung, Aneignung und Ausbeutung des Affektiven, Emotionalen und Sexuellen muss physisch unmöglich werden. Wie aber wäre, auf der Ebene von Architektur und Städtebau, gelingende Sozialität, ein gutes gemeinsames Leben, eine freie Assoziation der Vielen denkbar?

Wir erleben eine Krise des Wohnens nicht nur, weil Wohnungen für viele nicht bezahlbar sind, sondern auch, weil sie nicht die Antwort auf diese Frage sind. Die Innenstädte beherbergen immer kleinere, meist Singlewohnungen. Auf der anderen Seite stehen in manchen Metropolen ganze Viertel leer. Innenstädte wirken leblos, weil diejenigen, die sich dort die Wohnungen leisten können, diese vielfach gar nicht nutzen.

Um die Wohnverhältnisse wirklich neu zu denken, wäre es einerseits erforderlich, die Genealogie des Wohnungsdiskurses und die wichtigsten Formen des menschlichen Wohnens und Zusammenlebens in der Moderne sowie ihre impliziten Ökologie- und Machtstrukturen (Erfindung der Wohnung/des Appartements, Erfindung des suburbanen Lebens, *machines à habiter*, Geburt der Hausfrau) gründlich zu analysieren. Andererseits müssten die architektonischen Bedingungen tierischer und pflanzlicher Lebensformen in der Moderne, ihre impliziten Ökologie- und Machtstrukturen (Massentierhaltung, Erfindung des Zoos, Tierreservate, Schlachtungs- und Fleischverarbeitungsindustrie) untersucht werden. Dies kann hier noch nicht geleistet werden.

Die Krise des Wohnens erscheint auf den ersten Blick als eine Frage ausreichender umbauter Flächen. Nicht nur Flüchtlinge, Migrant*innen und Obdachlose, auch viele Alteingesessene sind auf Wohnungssuche, leiden unter Wohnungsnot. Es ist nicht einzusehen, warum für Autobahnen Gärten und Häuser enteignet werden können, aber zur Lösung des viel dringenderen Wohnproblems nicht. Wichtiger noch als die Sicherung von Grundflächen durch Enteignung und Umnutzung ist jedoch ein Ausblick auf langfristige, gerechte und in diesem Sinne angemessene Wohnformen. Es gibt erniedrigende Architektur und es gibt erhebend-festliche, an der Menschen über sich hinauswachsen können. Durch Gebäude, so formulierte einmal Georges

Bataille, versuchen die Menschen, ihrem Tiersein zu entkommen[3]; doch sie bleiben Affen, wenn es ihnen nicht gelingt, durch die Gebäude zur Sprache zu kommen.

Wohnungen sind Dispositive der freiwilligen Knechtschaft, der Aneignung und Kontrolle. Es geht in den *Wohnsilos* um die Bewirtschaftung der Lebendigkeit menschlicher Körper, analog der Bewirtschaftung tierischer Körper. Zusehens werden sie nach Maßstäben der Sicherheit errichtet. Je höher die Sicherheit, desto größer jedoch auch die Isolation. Je perfekter das Wohnhaus, desto weniger erlaubt es Formen unvorhergesehener Begegnung, lebendiger Kommunikation oder spontaner Kooperation. Wohnungen sind darauf ausgelegt, die Hervorbringung des Gemeinsamen zu blockieren.

Wollen wir diese Situation ändern, können wir uns allerdings kaum an vergangenen Revolutionen, weder an den sowjetischen Wohnkombinaten noch an den Hausbesetzungen orientieren. Denn selbst diese in ihrer Zeit avancierten Wohnformen waren noch von der Architektonik der Einhegung und Aneignung, von Funktionalisierung, Disziplinierung und Kontrolle durchdrungen.

Deshalb wäre nicht viel gewonnen, wenn nun anstatt der Kapitalgesellschaften andere soziale Gemeinschaften die Räume besäßen und die Bedingungen der Produktion und Reproduktion bestimmten. Auch die schnelle und kostengünstige Errichtung sozialen Wohnraums und Varianten gestapelter Wohncontainer mit permanenter elektronischer Berieselung und Überwachung bieten keine nachhaltige Lösung – hier können Menschen zwar kurzfristig hausen und unterkommen, aber nicht gemeinschaftlich wohnen.

»Nur ein Dach über dem Kopf und ein Platz zum Schlafen und Essen« ist kein Nullpunkt der Architektur. Im Gegensatz zum nomadischen oder provisorischen Minimum postuliert die Wohnung eine Permanenz, gekoppelt an eine Infrastruktur zur Bedürfnisbefriedigung und zur Kommunikation, an eine architektonische Umwelt, um mit sich zurechtzukommen, mit Anderen Glück und Leid zu teilen und irgendwann über sich hinauswachsen zu können. Wohnen wird hier zur Lebensform. Wohnen ist keine Tätigkeit; erst recht keine, die man an jedem beliebigen Ort ausüben kann, wenn man sich auch in jedem *Drecksloch* irgendwann einzurichten vermag. Das moderne Wohnhaus ist eine architektonische Erniedrigung. Denn die moderne Architektur des Wohnens impliziert damit auch eine Verwurzelung, meist eine nicht frei gewählte, und eine schicksalhafte Anhaftung. Die Wohnung im Wohnhaus ist meine polizeiliche Identität, ich bin wohnhaft. Der Ort, an dem ich wohne, ist – wie man mit Althusser sagen könnte – der permanente Appell des Staatsapparates; er hat von mir Besitz ergriffen in dem Maße, wie

3 Georges Bataille, »Architecture«, Oeuvres Complètes, Bd. 1, Paris 1970, S. 171.

ich mich in ihm eingerichtet und ihn mir angeeignet habe, in dem Maße, wie ich von ihm abhängig bin. Er haftet mir an, wie ein Schildkrötenpanzer, wie ein Habitus, wie eine sprachliche Identität. Die Wohnung prägt meine kulturelle, polizeiliche und sexuelle Lebenswelt. In den Wohnräumen spiegelt sich soziale Ordnung; mehr noch, sie sind Anordnungen, gebaute Imperative und Kontrollorgane. Von den Küchenmaschinen über die Inneneinrichtung bis zur Raumaufteilung: Wohnungen verknüpfen Techniken der Subjektivation mit Atmosphären des Fühlens, Denkens und Sprechens. In dem Maße, wie Menschen sich in sie einüben und ein Können ausbilden, geraten sie in Wohnhaft und beziehen ihre Identität aus ihrer Wohnung. Das Vermögen, etwas zu tun, wird gekoppelt an ortsspezifische Verhaltenswahrscheinlichkeiten und affektive Neigungen.

In der Lebensform des Wohnens regiert die Gewohnheit: Durch Praktiken der Internalisierung installiert sie die Seinsweise der Aneignung, der Anhäufung, der Repetition, aber auch eine Besessenheit von Klischees und Sprachgewohnheiten. Deshalb kann das Wohnen – das Hausen in Hausständen, die Schaffung von Identitäten durch abschließbare Räume – für die Menschheit nur ein Durchgangsstadium sein. Längerfristig müssen wir gegen die Behausung, Domestizierung und Disziplinierung zugunsten autonomerer Lebensweisen aufbegehren.

Wir müssen das Wohnen überwinden und unsere Lebensform von freieren Verortungsweisen ableiten. Es wäre zu kurz gedacht, wollte man weiterhin den städtischen und häuslichen Raum nach dem Muster des Wohnens konzipieren, denn daraus kann keine selbstbestimmte urbane Qualität entstehen. Es wäre ebenso unzureichend, wollte man, um die Isolation der Frauen zu überwinden und neue Formen kommunaler Organisation zu ermöglichen, zwischen die Wohnungen lediglich Gemeinschaftsküchen, Kantinen oder Getränkeautomaten setzen.

Die Architekturen des Zusammenlebens, die traditionell mit Kategorien wie *Wohnung*, *Privatsphäre* oder *Familie* assoziiert wurden, haben den politischen Diskurs über Gemeinschaften, Lebenswelten, Häuser und Zimmer dominiert. Wir können uns den Aufenthalt von Menschen auf der Erde nicht mehr anders vorstellen, als dass wir den ganzen Planeten als unsere Wohnung behandeln. Die Logik sozialer Grenzziehungen (in Kategorien wie »*Rasse*«, *Klasse* und *Geschlecht*) hat die daraus resultierenden Lebensstrukturen oft beherrscht und zu Machtasymmetrien und (struktureller) Gewalt geführt. Wohnhäuser reproduzieren die entsprechenden sozialen Gegensätze. In einer »Gesellschaft der Singularitäten«[4], in der solche Kategorien und Gegensätze zunehmend umkämpft und zugleich verwässert werden,

4 Jean-Luc Nancy, singulär plural sein, Zürich 2004; ders., Jenseits der Stadt, Berlin 2011, S. 19, S. 27 u. S. 92; vgl. Andreas Reckwitz, Die Gesellschaft der Singularitäten. Zum Strukturwandel der Moderne, Berlin 2017, insb. Kap. V.2.

herrscht der implizite (biologische oder kulturelle) Rassismus dieser Logik immer noch vor, wenn auch nur auf der Ebene der Singularitäten und der hybriden Resubstanzialisierung.[5] Während sich in der Moderne die Versuche zur Verbesserung der Lebensbedingungen oft auf ein »Minimum an Leben«, auf die Reproduktion von Arbeitskraft, auf die Trennung und Reduktion von Lebensformen konzentrierten, gälte es heute, neuen Ideen für das Privatleben Raum zu geben: Wie könnte die Architektur das Zusammenleben, das gute Leben aller begünstigen?

Kernpunkt der Reflexion wird das Hinterfragen des Begriffs und der Funktion dieser Art von Architektur sein müssen: In welcher Weise beeinflusst oder gar bestimmt die Architektur – eher als die Produktionsverhältnisse, die Medien, die Infrastruktur oder die »Praktiken der Freiheit« (Michel Foucault) – Formen des Zusammenlebens? Was, außer Beeinflussen oder Bestimmen, könnte die Architektur noch leisten? Auf welche Weise sollte Architektur Gesellschaft gestalten?

Pierre Bourdieu hat in seinen berühmten Texten über die Kabylen die symbolische Dimension des traditionellen Berberhauses aufgezeigt und daraus die Wechselbeziehung von Raum, Häuslichkeit und Habitus abgeleitet.[6] Wie wir die Welt sehen, wie wir unsere Körper benutzen und die Räume, in denen wir leben: All dies ist miteinander verbunden und historisch und kulturell kontingent. Doch die Gebäudestrukturen dürfen nicht auf Symbolstrukturen oder vorherrschende soziale Unterscheidungen reduziert werden, die Bewegungen Bedeutung verleihen. Sie sind physisch, praktisch und weltverändernd. Sie sind *Hardware* und bilden die Grundlage für mediale Infrastrukturen und symbolische Operationen. Um menschliche und nichtmenschliche Lebensbedingungen und Wohnungen in dieser Perspektive neu zu entwerfen, wird es notwendig sein, sich auf die dynamischen Merkmale der Architektur zu konzentrieren.

ARCHITEKTUR GELINGENDER SOZIALITÄT

Die Unterwerfung, Aneignung, Disziplinierung und Ausbeutung der Körperkraft, aber auch des Affektiven, Emotionalen und Sexuellen muss physisch unmöglich werden. Wie aber kann auf der Ebene von Architektur und Stadtplanung erfolgreiche Sozialität, ein gutes Zusammenleben, eine freie Assoziation divergierender oder widerstreitender Lebensformen denkbar werden?

Wenn Architektur nicht nur beeinflussen, festlegen oder bestimmen, sondern auch ermöglichen, nicht nur disziplinieren und kontrollieren, sondern auch befreien kann, sollten wir uns fragen: Wo, wie und mit wem möchten wir leben? Welche Wohnform wollen wir für welche Lebensphase? Oder gibt

5 Tristan Garcia, Wir, Berlin 2016, S. 198 f.

6 Pierre Bourdieu, Entwurf einer Theorie der Praxis. Auf der ethnologischen Grundlage der kabylischen Gesellschaft, Frankfurt a. M. 1976, S. 48–65.

es eine bessere Alternative zum Wohnen? Welche Architektur befreit uns von körperlichen und geistigen Zwängen? Was sind Voraussetzungen und Ziele der zukünftigen Architektur? Was – außer Voraussetzungen und Bestimmungen, Zwängen und Bedingungen, Grundlagen und Zwecken – können wir noch bauen?

Zukünftige Architektur sollte es sich nicht mehr zur Aufgabe machen, soziale Rollen und Funktionen festzulegen und durchzusetzen, sondern von diesen zu befreien. Um über das Wohnen hinauszukommen, müssen wir von der transformatorischen Kraft gelungener Sozialität ausgehen. Das impliziert Rückzugsräume, Räume der Intimität, Räume der Erholung, aber auch eine Vielzahl von Arten des Zusammenseins, Räume der Verwandlung. Es geht um gemeinsames Speisen, gemeinsame Darstellungen und Traumprojektionen – Walter Benjamin würde vielleicht sagen: die Architektur eines kollektiven Unbewussten –, aber auch um Divergenz, Agonalität und Exzentrik. Architekturen bringen ebenso neue kollektive Formen und unterschiedliche, eigenständige Gemeinschaften hervor wie sie Affordanzen der Individualität, der Vervielfältigung und des Unbestimmten ausbilden. Die Möglichkeiten, sich zu versammeln, unterzubringen, zu beraten und mit anderen Menschen zu feiern, entsprechen den Möglichkeiten der Zuflucht und des Asyls, aber auch den Möglichkeiten, mitten in der Stadt etwas auszuprobieren. Es geht um Orte einer ebenso offenen, festlichen und selbstbestimmten Begegnung, eines selbstbestimmten kulturellen, sozialen und politischen Zusammenlebens. Wir können das Wohnen in Häusern überwinden, die Gewohnheit, asymmetrische Kommunikation und strukturelle Gewalt reproduzieren, indem wir die Möglichkeiten für autonom gestaltete Strukturen eines guten Zusammenlebens zur Verfügung stellen. In einem nächsten Schritt müssen wir über den Anthropozentrismus traditioneller Architektur hinausgehen und die Umwelt als grundlegende soziale Beziehung integrieren. Dazu gehört natürlich die technische, vor allem aber die tierische und pflanzliche Umwelt, und dies nicht nur aus Gründen der Gerechtigkeit und Ethik, sondern auch im Hinblick auf das Klima des Planeten, das wie kein anderer Faktor bestimmt, wo und wie Leben existieren, mutieren oder sich architektonisch bestimmen kann.

Prof. Dr. Ludger Schwarte, geb. 1967, ist Philosoph, Literaturwissenschaftler und Politologe. Seit 2009 ist er Professor für Philosophie an der Kunstakademie Düsseldorf. Von 2008 bis 2010 war er Präsident der Deutschen Gesellschaft für Ästhetik. Seine Arbeitsschwerpunkte sind: Ästhetik, Architekturphilosophie, politische Philosophie, Kulturphilosophie, Wissenschaftsgeschichte.

SOZIALRAUM HOCHHAUS

ERKUNDUNGEN EINES KLISCHEEBEHAFTETEN MIKROKOSMOS

Ξ Eveline Althaus

Die Großwohnbauten und Wohnhochhäuser, die während des *Baubooms* der 1960er und 1970er Jahre unsere Siedlungslandschaft grundlegend veränderten, sind im Laufe der Jahre zunehmend in Verruf geraten. Doch wie sehen die Wohnerfahrungen und gelebten Nachbarschaften in diesem Baubestand aus? Ein an der ETH Zürich durchgeführtes Forschungsprojekt ging dieser Frage genauer nach.[1] Die empirische Grundlage dieser Arbeit – wie auch meiner Ausführungen in diesem Beitrag – bilden vertiefte Fallstudien zu zwei Hochhaussiedlungen in der Schweiz.[2] Verschiedene Forschungsstrategien wurden hierzu miteinander kombiniert: Literatur- und Archivrecherchen, qualitative (Gruppen-)Interviews, *commented walks* und teilnehmende Beobachtungen vor Ort, Foto-Dokumentationen sowie die Analyse von sozio-demografischen Statistiken wie auch von Plan- und Kartenmaterial.

DISKREPANZ ZWISCHEN INNEN- UND AUSSENSICHT

Nachbarschaften *(neighbourhoods)* werden nach dem Soziologen Gerald Suttles maßgeblich durch Zuschreibungen von Bewohner*innen und Außenstehenden bestimmt.[3] Bezeichnend für viele Hochhaussiedlungen ist die starke Diskrepanz zwischen mehrheitlich negativen Außen- und überwiegend positiven Innenzuschreibungen.[4]

Für das Negativimage ist die Größendimension, die gebaute Form und das Erscheinungsbild der Hochhäuser im weiteren stadträumlichen Umfeld wesentlich. Aber auch die Geschichte der Abwertung, die sich an vielen öffentlichen, fachlichen und wissenschaftlichen Diskursen zu diesem Baubestand ablesen lässt. Narrative aus der Innenperspektive unterscheiden sich oft diametral davon: So heben Menschen, die in den untersuchten Überbauungen wohnen oder arbeiten, insbesondere die Vorteile ihrer Wohnorte und des Hochhauslebens hervor und berichten von vielfältigen Lebensqualitäten, die sie hier erfahren. Wer sich vor Ort begibt, merkt rasch: Die Nachbarschaften und lebensweltlichen Wirklichkeiten in Großwohnbauten sind komplexer und dynamischer als verbreitete Klischees gemeinhin suggerieren.

1 Dieser Artikel fasst einige wesentliche Erkenntnisse zusammen aus: Eveline Althaus, Sozialraum Hochhaus. Nachbarschaft und Wohnalltag in Schweizer Großwohnbauten, Bielefeld 2018.

2 Die Mittlere Telli, eine der größten Schweizer Großsiedlungen, die in der Kleinstadt Aarau liegt sowie Unteraffoltern II – zwei Wohnhochhäuser am Stadtrand von Zürich, deren Architektur sich stark an Le Corbusiers Idee einer »Wohnmaschine« (*Unité d'habitation*) ausrichtet.

3 Gerald D. Suttles, The social construction of communities, Chicago 1972, S. 35.

4 Vgl. hierzu u. a. auch Maren Harnack, Big is beautiful, in: dies. u. Jörg Stollmann (Hg.), Identifikationsräume, Berlin 2017, S. 12–18; Senatsverwaltung für Stadtentwicklung und Umwelt (Hg.), IBA-Symposium Leben mit Weitsicht – Großwohnsiedlungen als Chance, Berlin 2012 oder Frank Bielka u. Christof Beck (Hg.), Heimat Großsiedlung – 50 Jahre Gropiusstadt, Berlin 2012. Für den in diesem Beitrag diskutierten Kontext Schweiz: Elisabeth Bäschlin, Wohnort Grossüberbauung, Bern 2004; Daniel Gaberell (Hg.), Bern West – 50 Jahre Hochhausleben, Freiburg i. Br. 2007 oder Julia Ambroschütz, Hardau, Zürich 2008.

STEREOTYPISIERUNG: ANDERS ALS DIE NORM

Eine Wohnüberbauung existiert nie als isolierte Insel, sondern steht immer in Bezug zu ihrem sozialräumlichen Umfeld – auch wenn sich dieser Bezug mehrheitlich durch Differenzen auszeichnet. In kleinräumlichen Siedlungsstrukturen fallen Großwohnbauten auf. Sie sind massive Erscheinungen und unterscheiden sich meist von den verbreiteten Normvorstellungen von Wohnhäusern. Das kann faszinieren oder befremden. Hochhäuser aus den Bauboomjahren werden – insbesondere wenn sie in eher peripheren Lagen situiert sind – häufig zum Gegenstand von *Othering,* d.h. von Differenzierungsmechanismen, die mit Negativzuschreibungen einhergehen und bestimmte Menschengruppen oder Orte als *Andere* kategorisieren.[5] Für die zwei untersuchten Hochhaussiedlungen kursieren im Außenbild etwa Bezeichnungen wie »Betonkaserne« oder »Staumauer«, die das Bauliche diskreditieren. Geläufig sind aber auch Bezeichnungen wie »Ghetto«, »Sozialbunker« oder – politisch korrekter – »sozialer Brennpunkt«, die die Bewohner*innen stigmatisieren. Statistiken zur Bevölkerungsstruktur in den untersuchten Schweizer Überbauungen zeigen, dass dieses Etikett auch auf Hochhaussiedlungen übertragen wird, deren Wohnbevölkerung eigentlich sehr heterogen ist hinsichtlich Altersgruppen, Haushaltsformen, Herkunftsländern, Berufsgruppen und Einkommen.[6] Diese Heterogenität hängt u.a. mit dem Wohnungsmix und zum Teil mit der Eigentümerstruktur zusammen – wie auch mit gezielten Vermietungsstrategien der Verwaltungen zur *Durchmischung* der Mieterschaft.[7] Es zeigt sich, dass die problematisierenden Bezeichnungen nicht unbedingt auf Fakten basieren, sondern auch auf stereotypen Bildern, die historisch gewachsen sind.

BAU VON GROSSWOHNSIEDLUNGEN IN DER SCHWEIZ

Die Geschichte der Wohnhochhäuser hängt eng mit dem wirtschaftlichen Aufschwung nach dem Zweiten Weltkrieg zusammen. In der Schweiz stieg die Bevölkerung zwischen 1950 und 1970 um mehr als ein Viertel.[8] Man brauchte dringend Wohnraum. Da das Land von Kriegszerstörungen nicht betroffen war, mussten keine Stadtkerne wiederaufgebaut werden. Die Neubautätigkeiten im Wohnungsbau konzentrierten sich in erster Linie auf den Stadtrand und den suburbanen Raum und wurden oft von privaten Generalunternehmen vorangetrieben. Neben der Ausdehnung von Einfamilien- und Reihenhausgebieten entstanden hier zahlreiche Wohnsiedlungen, die ab Mitte der 1960er Jahre zunehmend kompakt und in die Höhe gebaut wurden.[9] In der Schweiz hatten sich anders als in vielen anderen europäischen Ländern die Eigentums- und Machtverhältnisse in der Gesellschaft nicht verändert, der Finanzplatz wurde weiter ausgebaut.[10] Mit dem Wirtschaftswachstum

5 Grundlegende Arbeiten zu diesem Verständnis u.a. in postkolanialen Studien wie Gayatri Chakravorty Spivak, The Rani of Sirmur. An Essay in Reading the Archives, in: History and Theory, Jg. 24 (1985), H. 3, S. 247–272 sowie Edward W. Said, Orientalism, London 2003.

6 Vgl. genauer Althaus, S. 161 ff. u. S. 226 ff.

7 Die Telli-Überbauung in Aarau zeichnet sich durch eine komplexe Eigentümerstruktur aus, mit privat-institutionellen, genossenschaftlichen und kommunalen Wohnbauträgern. Jede fünfte Wohnung gehört einem/r privaten Wohnungseigentümer*in, wovon ein Großteil die Wohnungen selbst bewohnt. Die Hochhäuser Unteraffoltern II entstanden im sozialen Wohnungsbau. Um eine breitere soziale *Durchmischung* zu erreichen, sind jedoch seit den 1990er Jahren etwa die Hälfte der Wohnungen nicht subventioniert.

8 Vgl. Bundesamt für Statistik (Hg.), Bevölkerung. Panorama, Neuchâtel 2014, S. 1.

9 Vgl. Michael Koch, Städtebau in der Schweiz 1800–1990. Entwicklungslinien, Einflüsse, Stationen, Zürich 1992, S. 197.

10 Vgl. Malik Mazbouri u.a., Finanzplatz Schweiz, in: Patrick Halbeisen u.a. (Hg.): Wirtschaftsgeschichte Schweiz im 20. Jahrhundert, Basel 2012, S. 467–518, hier: S. 494 ff.

der Nachkriegsjahre nahm der Wohlstand für breite Bevölkerungsschichten zu.[11] Damit einhergehend stiegen auch die Komfortansprüche im Wohnen. Die neu erstellten Wohnhochhäuser wiesen einen für die damalige Zeit modernen Ausbaustandard mit viel Komfort auf. Ein Lift, eine Zentralheizung oder eine Dusche in der Wohnung waren damals noch lange nicht für alle eine Selbstverständlichkeit. Entsprechend wurden die Großwohnbauten in der Anfangszeit auch als idealer Wohnraum für die moderne Kleinfamilie beworben und richteten sich an die stark wachsende breite Mittelschicht.[12] Das Wohnen im Hochhaus galt als Inbegriff des Modernen.

GESCHICHTE DER ABWERTUNG

Im Laufe der 1970er Jahre erfuhr diese positive Darstellung im öffentlichen Diskurs eine grundlegende Umdeutung ins Negative – gerade die Ölkrise von 1973 stellte einen markanten Einschnitt dar. Mit der wirtschaftlichen Rezession wurden in der Schweiz ca. 8 Prozent aller Arbeitsplätze abgebaut,[13] viele Gastarbeiter*innen aus süd(ost)europäischen Ländern – die maßgeblich zur Errichtung der neuen Siedlungslandschaft und Infrastruktur beigetragen hatten – wurden in ihre Ursprungsländer zurückgeschickt. Bevölkerung und Städte wuchsen folglich nicht mehr so stark wie prognostiziert, zugleich fehlten in der Umgebung der Wohnhochhäuser anfänglich zum Teil Quartierinfrastrukturen, die geplant, aber dann nicht gebaut wurden. Der Großwohnungsbau kam gewissermaßen als Sinnbild für die gescheiterte Radikalität des grenzenlosen Wachstumsglaubens ins Kreuzfeuer der Kritik und wurde in der Folge breit und wirkungsvoll abgelehnt. Dies war ein europaweites Phänomen, das sich bis heute auch in der Schweiz auf die öffentliche Wahrnehmung dieses gebauten Erbes auswirkt. Die Bauten wurden – und werden bis heute – als grau, trist und monoton, ja als Sinnbild der Verbauung und Verschandelung der Landschaft dargestellt und insbesondere wurden auch Negativwirkungen der baulichen Vermassung auf die darin lebenden Menschen vermutet.[14] Parallel zu diesen Entwicklungen zeigten sich in den – oftmals in kurzer Zeit mit zum Teil auch neuartigen Baumaterialien errichteten – Häusern erste bauliche Mängel. Mit der zunehmenden Attraktivität des Wohnens in Innenstädten und damit einsetzenden Gentrifizierungsprozessen verschärfte sich die Situation zusätzlich: In vielen Wohnhochhäusern in peripheren Lagen zeichnete sich die andere Seite der Verdrängung ab. Auch wenn die Wohnbevölkerung in beiden untersuchten Überbauungen sehr heterogen ist, lässt sich hier ein höherer Anteil an Gruppen beobachten, die auf dem Wohnungsmarkt benachteiligt sind. Überdurchschnittlich vertreten sind insbesondere ausländische Bewohner*innen. Diese bilden gewissermaßen

11 Zwischen 1945 bis 1974 stieg der Reallohn der Arbeitnehmer*innen um 230 Prozent, vgl. Margrit Müller u. Ulrich Woitek, Wohlstand, Wachstum und Konjunktur, in: Halbeisen u. a., S. 85–222, hier S. 99.

12 Vgl. Fabian Furter u. Patrick Schoeck-Ritschard, Göhner wohnen. Wachstumseuphorie und Plattenbau, Baden 2013, S. 12 f.

13 Hansruedi Hitz u. a., Capitales Fatales. Urbanisierung und Politik in den Finanzmetropolen Frankfurt am Main und Zürich, Zürich 1995, S. 52.

14 Vgl. für den Kontext Schweiz etwa: Dieter Schnell, Die Architekturkrise der 1970er Jahre, Baden 2013; Rolf Keller, Bauen als Umweltzerstörung. Alarmbilder einer Un-Architektur der Gegenwart, Zürich 1973; Jörg Aellig u. a., Problem Hochhaus, Niederteufen 1974.

verschiedene Einwanderungswellen in die Schweiz ab und stammen heute aus einer Vielzahl unterschiedlicher Länder.[15] In den Quartierschulen ist der Anteil fremdsprachiger Kinder in vielen Klassen hoch, was insbesondere im Hinblick auf deren geringere Übertritts-Chancen in höhere Schulen eine Schwierigkeit darstellt.

BEWÄHRTE QUALITÄTEN

Hochhaus-Bewohner*innen berichten des Öfteren, dass sie vor ihrem Einzug selbst Bedenken oder negative Einstellungen gegenüber Großwohnbauten hatten, diese aber schnell revidiert hätten und heute gern dort wohnen würden. Ihre zum Teil auffallend positiven Darlegungen können bis zu einem gewissen Grad auch als Strategie im Umgang mit den verbreiteten Problematisierungen verstanden werden: Um der Stigmatisierung des eigenen Wohnorts etwas entgegenzuhalten, werden die guten Seiten beleuchtet. Dieser Erklärungsansatz allein greift aber zu kurz, werden doch die positiven Narrative mit einer Aufzählung von – vor Ort nachvollziehbaren – Wohn- und Wohnumfeld-Qualitäten begründet.

Verschiedene Qualitäten bewähren sich. Es ist nicht nur die Aussicht in die Weite, ins Grüne oder über die Dächer der Stadt, die das Hochhauswohnen besonders macht. Geschätzt werden in den untersuchten Bauboom-Großwohnbauten insbesondere die weitläufigen grünen und verkehrsfreien Außenräume, die Spiel- und Fußballplätze vor den Häusern, auf denen Kinder auch selbständig spielen und sich treffen können, aber auch verschiedene Gemeinschafts- oder Mehrzweckräume auf dem Siedlungsareal sowie andere Einrichtungen, die für das Kollektiv installiert worden sind, wie Sitzbänke, Tische, Grillplätze, Siedlungsgärten, Ping-Pong-Tische etc. Wichtig ist auch die städtebauliche Einbettung und ein guter Anschluss an den öffentlichen Verkehr und die Nahversorgung: Schulen, Kindergärten und Kitas, Einkaufsmöglichkeiten, Sport- und Freizeiteinrichtungen, aber auch Naherholungsgebiete wie Wälder oder Gewässer nebenan. In den untersuchten Wohnhochhäusern heben die Bewohner*innen des Öfteren auch die Wohnqualität der Wohnungen selbst hervor, die zwar zum Teil relativ kleine Zimmerflächen und – je nach Erneuerungsstand – ältere Ausstattungen in Bädern und Küchen aufweisen, hingegen hell sind und multifunktional für verschiedene Bedürfnisse genutzt und angeeignet werden können. So wird zum Beispiel das ehemalige Kinderzimmer nach Auszug der Kinder zum Hobbyraum oder das zweite Zimmer fürs Homeoffice genutzt. Besonders geschätzt werden auch die Balkone als private Außenräume, wobei sich hier über die Nähe zu einer Vielzahl anderer Mietparteien durchaus auch Konfliktpotenziale

15 In den vier Hochhauszeilen der Telli wohnen beinahe 50 verschiedene Nationalitäten, in den zwei von Unteraffoltern II über 30, vgl. Althaus, S. 165 f. u. S. 228 ff.

eröffnen – etwa wegen Lärm oder Rauch von anderen, die in die eigene Welt eindringen. Relevant sind außerdem die günstigen Mieten in diesem Baubestand, die gerade für Menschen mit kleinen Einkommen unabdingbar sind. Angesichts des zunehmenden Verlusts von erschwinglichem Wohnraum und der angespannten Wohnungsmärkte in urbanen Zentren ist der Beitrag, den die Großwohnbauten zur Wohnraumversorgung auch weniger privilegierter Bevölkerungsschichten leisten, nicht zu unterschätzen. In den untersuchten Hochhaussiedlungen als förderlich haben sich außerdem Belegungsrichtlinien bewährt, die einen sozialen Mix über alle Stockwerke anstreben und so keine vertikalen Hierarchien im Hochhaus schaffen.

SCHWIERIGE VORAUSSETZUNGEN UND KRISEN

Wenn diese Qualitäten – vor allem in Kombination – nicht gegeben sind, können sich Schwierigkeiten entwickeln. Dies ist etwa der Fall, wenn Hochhausstrukturen städtebaulich ausgegrenzt werden (z. B. hinter einer Schnellstraße liegen), wenn es keinen oder nur einen ungenügenden Anschluss an den öffentlichen Verkehr gibt oder wenn neben Wohnungen keine Geschäfte, Freizeit- oder Einkaufsmöglichkeiten vor Ort existieren. Probleme zeigen sich aber auch, wenn die Häuser nur einen oder zwei Wohnungstypen bereitstellen, die heutigen Bedürfnissen nicht mehr entsprechen oder zu beengten Wohnverhältnissen führen, wenn die Bausubstanz schlecht ist oder der Unterhalt der Gebäude sowie öffentlichen Räume zu wünschen übrig-lässt. Wenn sich solche Faktoren kumulieren, werden – wie vielfach dokumentiert – Krisen und unfreiwillige Segregationsdynamiken, sogenannte *Quartiereffekte* in Gang gesetzt, die nicht nur zu einer immer einseitigeren Bevölkerungsstruktur führen, sondern die Stigmatisierung der Orte und der Menschen, die dort wohnen, zusätzlich verstärken.[16] Das Problem dabei ist weniger der Siedlungstypus Hochhaus an sich als vielmehr die strukturellen sozialen Ungleichheiten und Exklusionsmechanismen, die ihre Wirkung in diesem Sozialraum entfalten.

Die Bauboom-Bauten sind mittlerweile ins Alter gekommen. An ihrem Zustand lassen sich auch die Pflege- und *Unterhaltsstrategien* der Eigentümer*innen und Verwaltungen ablesen, etwa ob sie ihre Liegenschaften vernachlässigen oder konstant dranbleiben. Eine besondere Herausforderung stellen komplexe Eigentümerstrukturen dar, insbesondere wenn Pflege, Unterhalt und Renovationen von kollektiv geteilten Flächen und Räumen nicht von Anfang an geregelt werden, d. h. wenn kein Vertragswerk besteht, das Verpflichtungen hierzu von den einzelnen Parteien einfordert.

Grundlegend wichtig für die positiven Innenwahrnehmungen in den untersuchten Siedlungen sind denn auch die vor Ort arbeitenden Hauswarte, die sich täglich um die Häuser und kollektiven Siedlungsräume kümmern, diese unterhalten, warten, pflegen und aufräumen – und bei Problemen für die Bewohner*innen ansprechbar sind.

VIELSEITIGE SOZIALBEZIEHUNGEN IN DER NACHBARSCHAFT

Ein verbreitetes Klischee ist, dass Hochhaus-Wohnen anonym sei. Entgegen dieser Vorstellung lassen sich in den untersuchten Hochhaussiedlungen vielseitige soziale Kontakte und Verbindungen dokumentieren. Während einige Bewohner*innen höchstens ihre nächsten Nachbarn vom Sehen kennen, sind andere in Siedlung und Quartier stark vernetzt. Verbreitete

16 Vgl. u. a. Anne Volkmann, Quartiereffekte in der Stadtforschung und in der sozialen Stadtpolitik, Berlin 2012; Jürgen Friedrichs u. Sascha Triemer, Gespaltene Städte? Soziale und ethnische Segregation in deutschen Großstädten, Wiesbaden 2009 oder Hartmut Häußermann, Wohnen und Quartier: Ursachen sozialräumlicher Segregation, in: Ernst-Ulrich Huster u. a. (Hg.), Handbuch Armut und soziale Ausgrenzung, Wiesbaden 2008, S. 383–396.

Norm ist, dass man sich in den Häusern selbst und zum Teil auch auf dem Siedlungsareal grüßt und gelegentlich – wie etwa bei der Fahrt im Fahrstuhl – auch ein paar belanglose Worte miteinander wechselt. Intensivere Kontakte ergeben sich meist, wenn Menschen weitere Bezugspunkte und Interessen miteinander teilen. Dies unterscheidet sich je nach Lebenssituation und -phase, aber auch je nach persönlichen Vorlieben. Gerade Kinder und Jugendliche, die sich schnell untereinander vernetzen, schaffen Kontakte. Aber auch ältere und langjährige Bewohner*innen berichten von gemeinsamen Erinnerungen und Kontakten, die sich über viele Jahre gefestigt haben. Als besondere Qualität der Hochhaus-Nachbarschaften betonen Bewohner*innen den unkomplizierten Charakter der meisten sozialen Kontakte und die Optionalität beim Zusammen- bzw. Nebeneinanderleben. Eine häufige Aussage ist: »Man kann hier relativ einfach andere Leute kennenlernen und miteinander in Kontakt kommen, wenn man will, muss aber nicht.« Aus der Nachbarschaftsforschung ist bekannt, dass gerade dieses Austarieren zwischen Nähe und Distanz bzw. zwischen füreinander da sein, wenn es die Situation erfordert, und sich auch in Ruhe lassen eine *gute* Nachbarschaft ausmacht.[17]

ENGAGEMENT UND SOLIDARITÄT

Befürchtungen von der Anonymität im Massenwohnungsbau haben dazu geführt, dass die Förderung nachbarschaftlicher Kontaktmöglichkeiten bereits beim Bau vieler Bauboom-Hochhaussiedlungen eingeplant wurde. Neben verschiedenen gemeinschaftlichen Räumen und Treffpunkten, gehören dazu auch die vor Ort tätige Gemeinwesenarbeit, die Quartierzentren, Quartiervereine sowie andere Interessen- und Aktionsgruppen, die soziale und kulturelle Veranstaltungen und Aktivitäten organisieren und so auch Menschen vor Ort miteinander in Verbindung bringen. Diese sozialen Infrastrukturen und Gruppierungen schaffen heute vielfache Begegnungsmöglichkeiten – ohne Begegnungszwang. Nachbarschaftliche Solidarität und Unterstützung wird aber nicht nur in solchen Gefäßen organisiert, sondern oft auch individuell im Rahmen von kleinen informellen Handreichungen und Engagements praktiziert. Während der letzten Monate des ersten Corona-Lockdowns zum Beispiel haben sich auf der Basis der bereits bestehenden Gemeinwesenarbeit und Quartiergruppierungen, aber auch im Rahmen von individuell bestehenden Nachbarschaftsnetzen in Kürze Hilfsangebote innerhalb der Siedlungen etabliert – wie Einkaufshilfen für ältere Personen oder die (gegenseitige) Unterstützung bei Kinderbetreuung und Aufgabenhilfe.

17 Vgl. Heinz Schilling, Nebenan und Gegenüber. Nachbarn und Nachbarschaften heute, Frankfurt a. M. 1997, S. 10 f. oder Christian Reutlinger u. a. (Hg.), Soziale Nachbarschaften. Geschichte, Grundlagen, Perspektiven, Wiesbaden 2015.

SPANNUNGEN UND KONFLIKTE

Wo immer Menschen näher miteinander in Kontakt kommen und unterschiedliche Vorstellungen und Bedürfnisse aufeinanderprallen, kann es zu Spannungen und Konflikten kommen. Ein Konfliktpotenzial in Wohnsiedlungen gibt es zum Beispiel in Situationen, in denen sich ältere Bewohner*innen am Lärm spielender Kinder stören – das ist nicht nur in Hochhausstrukturen so. Generell gibt es in den untersuchten Großwohnbauten gegenüber Kinderlärm eine relativ große Toleranz – gerade auch vonseiten der Verwaltungen wie auch von anderen älteren Bewohner*innen. Spannungen entwickeln sich deshalb auch zwischen Menschen derselben Generation – denjenigen, die sich beschweren und denjenigen, die sich für die Kinder einsetzen. Schwieriger wird es allerdings – und die Toleranz sinkt dann oft –, wenn die Kinder größer werden. In beiden untersuchten Siedlungen fehlt es an Freiräumen, in denen sich Jugendliche ungestört und ohne andere zu stören treffen können. Ein verbreitetes Thema in den Hochhaus-Siedlungen ist außerdem die unrechtmäßige Entsorgung und das Liegenlassen von Abfall und Sperrmüll auf dem Gelände – wobei es mehr die dahinterliegende Einstellung der Ignoranz bzw. des Sich-nicht-Kümmerns ist, über die sich andere aufregen. Häufige Gründe für Konflikte sind aber auch Lärm außerhalb der Ruhezeiten, die Nutzung der kollektiv geteilten Waschküchen im Haus (die in allen Schweizer Miethäusern üblich sind) oder Haustiere (insbesondere Hunde, die nicht an Leinen geführt werden) – wie in anderen Siedlungstypen auch. Keineswegs müssen solche Spannungen und Konflikte sich aber zu Nachbarschaftsstreitigkeiten entwickeln. Zu Auseinandersetzungen kommt es meist erst, wenn die Kommunikation nicht gelingt – »dort, wo man miteinander reden kann, muss es nicht zu einem Konflikt kommen, der dann bleibt«, bringt es eine Hochhausbewohnerin im Interview auf den Punkt.

FAZIT

Wohnhochhäuser unterscheiden sich von anderen Häusern vor allem durch ihre Größendimension, ihre vertikale Raumkonfiguration und auch dadurch, dass darin meist viel mehr Menschen leben als in anderen Wohngebäuden. »Unser Haus ist wie ein kleines Dorf« lautet eine Aussage, die in Interviews mit Hochhausbewohner*innen immer wieder auftaucht. Aber anders als in einem Dorf ist das Hochhauswohnen von einem urbanen Lebensgefühl getragen. Nicht nur, weil hier oft heterogene Sozialstrukturen und vielfältige Lebensweisen zusammenkommen und das Zusammen- bzw. Nebeneinanderleben relativ frei ist, sondern auch wegen der verschiedenen gemeinschaftlichen Räume und öffentlichen Einrichtungen im unmittelbaren Wohnumfeld.

Aus Forschungsperspektive sind Wohnhochhäuser in diesem Sinne auch ein spannender Mikrokosmos, in dem verschiedenste (Lebens-)Geschichten, Erfahrungen und sozialräumliche Verbindungen zusammenkommen.

Bei genauerer Betrachtung zeigt sich rasch: Von *dem* Mikrokosmos Hochhaus oder *dem* Leben im Hochhausblock im Singular zu sprechen, greift viel zu kurz – gilt es doch, jedes Wohnhochhaus immer auch in seinem jeweils konkreten Kontext und seiner spezifischen *Biografie* zu betrachten.[18] Die lebensweltlichen Wirklichkeiten in Bauboom-Hochhäusern unterscheiden sich je nach stadträumlicher Lage und Einbettung (bzw. Ausgrenzung) in ihrem Umfeld, der spezifischen Eigentümer- und Bevölkerungsstruktur, dem baulichen Zustand und den angewandten Vermietungs- und Unterhaltsstrategien, der vorhandenen (bzw. nicht-vorhandenen) sozialen Infrastruktur, dem architektonischen Konzept sowie der Ausgestaltung der Gebäude und der kollektiven und (halb)öffentlichen Siedlungsräume. Grundlegend ist dabei, wie verschiedene Menschen in diesem jeweils spezifischen Kontext (inter)agieren und so die sozialräumlichen Dynamiken vor Ort (re)produzieren.

Eine besondere Herausforderung in vielen Hochhaussiedlungen aus der Bauboomzeit sind aktuell Fragen der Erneuerung und des künftigen Umgangs mit diesem Baubestand. Meiner Ansicht nach ist es grundlegend wichtig, dass diese Diskussion nicht nur bautechnisch, -energetisch, -historisch, wirtschaftlich oder juristisch geführt wird, sondern dass auch das soziale Wissen über die Nachbarschaften und die alltagspraktischen Wohnerfahrungen der Menschen, die hier wohnen und arbeiten, ernst genommen werden. Dies erfordert Offenheit und auch die Bereitschaft, reduzierende Außenzuschreibungen vom problembehafteten Hochhausblock zu überwinden, die vielseitigen lokalen Perspektiven anzuerkennen und diese auch in die Entscheidungen und künftigen Strategieentwicklungen einzubeziehen.

18 Vgl. hierzu Althaus, S. 71 ff. sowie dies. u. Marie Glaser, House Biographies. Housing Studies on the Smallest Urban Scale, in: Stamatina Th. Rassia u. Panos M. Pardalos (Hg.), Cities for Smart Environmental and Energy Futures, Berlin 2014, S. 283–290.

Dr. Eveline Althaus studierte Sozialanthropologie und Umweltwissenschaften in Fribourg/CH und Berlin und promovierte am Departement Architektur der ETH Zürich. Seit einigen Jahren arbeitet sie als Wohnforscherin und wissenschaftliche Projektleiterin am ETH Wohnforum – Centre for Research on Architecture, Society and the Built Environment an der ETH Zürich. Neben dem Wohnen in Großwohnbauten beschäftigt sie sich aktuell u. a. auch mit dem Wohnen im Alter und für verschiedene Generationen. Ebenso führt sie Begleitforschungen in Kooperation mit Praxispartnern durch.

WOHNUNGSKAMPF ALS KLASSENKAMPF

DIE WOHNUNGSFRAGE IM LICHTE GESELLSCHAFTLICHER EIGENTUMSVERHÄLTNISSE UND IHRER (DIS-)KONTINUITÄTEN

Ξ Sabine Nuss/Lutz Brangsch

Heinrich Zille, der Anfang des 20. Jahrhunderts das ganze Elend des Berliner Proletariats in seinen Zeichnungen dokumentierte, meinte: »Man kann einen Menschen mit einer Wohnung erschlagen wie mit einer Axt.« Die Wohnungsfrage war zu diesem Zeitpunkt schon über hundert Jahre mit der »Arbeiterfrage« und schließlich auch der »sozialen Frage« aufs Engste verknüpft. »Friede den Hütten! Krieg den Palästen!« – diese Losung, 1834 formuliert vom radikal-demokratischen Dichter Georg Büchner in seinem *Hessischen Landboten*, hatte auch viel mit den Wohnbedingungen und Bedrohungen zu tun, denen die Hütten als Orte des Wohnens ausgesetzt waren. Für Johann Heinrich Wichern, Vorreiter der Einheit von Kirche und Thron auch in der neuen, bürgerlichen Welt, war das Elend in den Vorstädten Hamburgs Anlass für die Schaffung der Diakonie – um so das Proletariat vor der Versuchung des Kommunismus zu schützen. In seiner für die Entstehung des Marxismus bedeutenden Frühschrift »Die Lage der arbeitenden Klasse in England« untersuchte Friedrich Engels 1845 ausführlich die Auswirkungen der Durchsetzung des kapitalistischen Eigentumsmonopols auf Leben und Sterben der Proletarier im sich industrialisierenden England. Neben die Ausbeutung in der Fabrik tritt die durch den Hauseigentümer. Ein halbes Jahrhundert später stehen die Berliner Mietskasernen für eine nicht weniger brutale Doppelausbeutung.

So verwundert es nicht, dass die kommunistischen Projekte des 19. Jahrhunderts immer auch mit neuen Formen des Wohnens verbunden waren. Robert Owens soziale Experimente New Larnak und New Harmony waren auch Wohnprojekte[1], gleiches gilt für Étienne Cabets kommunistische Gemeinde Ikarien. Das gemeinsame Eigentum schloss für diese ersten modernen Kommunisten, denen es nicht einfach um eine bessere Welt, sondern um konkrete Alternativen zur bürgerlich-kapitalistischen Ordnung ging, das Recht auf menschenwürdiges Wohnen selbstverständlich ein. Legendär auch das von den sozialen Idealen der Arbeiterbewegung beflügelte Rote Wien mit dem Karl-Marx-Hof.

1 Vgl. Michael Brie, Wie der Sozialismus praktisch wurde. Robert Owen – Reformer, Visionär, Experimentator, in: »Helle Panke« e. V. – Rosa-Luxemburg-Stiftung Berlin (Hg.), Philosophische Gespräche, H. 40/2013.

Wohnen, die soziale Frage und die durch die Eigentumsverhältnisse abgesteckten Spielräume stehen seit der Industrialisierung in beständigen Konflikten. Sie bilden das Bermudadreieck moderner Gesellschaften. Das trifft übrigens nicht nur für den Kapitalismus, sondern auch für den Realsozialismus zu. Wie Joachim Tesch in einer der wenigen vorurteilsfreien Analysen zum Wohnungsbauprogramm der DDR schreibt, konnte dieses zwar der Menge nach erfüllt werden, das Ziel, die Wohnungsfrage als soziale Frage zu lösen, allerdings nicht erreichen.[2]

Privateigentum an Grund und Boden zeigt wie keine andere Eigentumsform, dass Eigentum ein Monopol ist – und ausschließlich ein gesellschaftliches Phänomen. Dem Alltagsverstand erscheint Eigentum allerdings häufig verdinglicht, als etwas, das einem gehört: das Haus, das Fahrrad, das Radio. Dass meins aber zugleich nicht deins bedeutet, zeigt bereits an, dass es sich hier nicht um Dinge oder Sachen handelt, sondern um ein soziales Verhältnis zwischen Menschen bezogen auf Sachen. Im Grundgesetz und im Bürgerlichen Gesetzbuch ist dieses Verhältnis festgeschrieben als das Recht, Menschen vom Zugang zu einer Sache ausschließen zu dürfen, unabhängig davon, ob sie es bräuchten, selbst erarbeitet haben oder aber, ob der Ausschluss negative Auswirkungen auf sie hat. Allerdings werden der ausschließenden Verfügungsmacht gesetzlich Grenzen gesetzt. Hier ist ein Spannungsverhältnis zwischen Privatperson und Dritten bereits insofern angelegt, als den Eigentümern zunächst die unmittelbare absolute Verfügungsgewalt zukommt, welche dann beschränkt werden kann. Mit der Sphäre des Rechts ist nur die juristisch bestimmte Dimension des gesellschaftlichen Verhältnisses Eigentum benannt. Eine weitere zentrale Dimension betrifft das spezifische Verhältnis zwischen den Klassen, wie sie seit dem ausgehenden 16. Jahrhundert aus der feudalen Herrschaftsform hervorgegangen waren. So entließ der Transfer des Bodeneigentums vom alten Feudaladel zum neureichen Kapital – oder die Transformation des alten Adels in Kapitaleigentümer – die alten Feudalen aus allen Verpflichtungen der alten Zeit und machte Grund und Boden, und damit das Wohnen, marktfähig. Boden zu haben, war zwar immer noch gut, aber nicht mehr ausreichend. Er musste nun auch verwertet werden, um der wirtschaftlichen und kulturellen Konkurrenz des aufstrebenden Bürgertums Paroli bieten zu können. Schulden auf den alten Grundbesitz aufzunehmen schien der einfachste Weg der Verwertung. Die Hypothek brach schließlich den letzten Widerstand der Konservativen gegen die bürgerliche Umwälzung effektiver als irgendein Gesetz. Sie träumten von einer Konservierung oder Wiederaufrichtung der grundherrlichen Ordnung und flüchteten als Militärs oder Beamte unter die Fittiche des Staates oder mussten sich dem verachteten

2 Vgl. Joachim Tesch, Wurde das DDR-Wohnungsbauprogramm 1971/1976 bis 1990 erfüllt? in: Utopie kreativ, Sonderheft 2000, S. 50–58.

bürgerlichen Kommerz ergeben. Eine Seite der industriellen Revolution und der Durchsetzung der bürgerlichen Ordnung war die Verschmelzung von *bürgerlichem* Eigentum in Handel und Industrie mit feudalem Grundeigentum. Beide drückten der neuen bürgerlichen Ordnung ihren Stempel auf – ökonomisch und kulturell. Die adeligen Namen im Bankwesen oder die Liste der reichsten privaten Waldbesitzer[3] sind exotischer Abglanz dieser Transformation, ganz abgesehen vom Reichtum diverser Monarchinnen und Monarchen.

Der gleiche Prozess brachte den doppelt freien Lohnarbeiter hervor, vom eigenen Land vertrieben – sei es durch Gewalt oder Verschuldung. Eigentumslos wurde er so das perfekte Medium nicht nur der Verwertung des industriellen Kapitals, sondern auch des Grundeigentums. So stehen sich seither grob zwei Klassen, historisch extrem ausdifferenziert und stets im Wandel, gegenüber: die Privateigentümer, die über Produktionsmittel wie Maschinen, Rohstoffe, Grund und Boden verfügen, und die Eigentumslosen, die keinerlei Verfügungsmacht darüber haben und daher gezwungen sind, ihre Arbeitskraft zu verkaufen. Historisch wurden so die persönlichen Abhängigkeitsverhältnisse durch sachliche ersetzt, die Fronarbeit durch Lohnarbeit: Die abhängig Arbeitenden erhalten nach wie vor nur einen Teil ihrer Arbeit, den sie sich auf einem Markt wieder zurückkaufen müssen. Er hat vor allem dem Erhalt ihrer Arbeitskraft zu dienen, auf welchem historisch veränderlichen Niveau auch immer. Den Rest eignen sich die Privateigentümer der Produktionsmittel an. Das bürgerliche Recht nun ermöglicht dem Arbeitenden, sich als freies und gleiches Marktsubjekt, als Warenbesitzer, verhalten zu können. Arbeitsverträge, Kaufverträge etc. sind die Institutionen, in denen das Klassenverhältnis seine Bewegungsform findet, das heißt, in denen die von den Produktionsmitteln getrennt Arbeitenden wieder mit ihnen vereint werden, allerdings zu einem historisch neuen Zweck: Die Verausgabung von Arbeit der einen dient der Vermehrung des investierten Kapitals der anderen, die Maximierung von Profit ist dabei Selbstzweck geworden, als solcher ist sie Quelle des Reichtums der Privateigentümer.

Grundeigentum treibt das Problem des Privateigentums dabei nur auf die Spitze. Die absolute Grundrente nannte Marx daher Tribut der Gesellschaft an die Grundeigentümer: »Ein Teil der Gesellschaft verlangt hier von den anderen einen Tribut für das Recht, die Erde bewohnen zu dürfen.«[4] Anders als in der alten Grundherrschaft sind der Eigentümer des Bodens (der Wohnung) und der Anwender der Arbeitskraft nicht mehr identisch. Die boomende Industrie am Ausgang des 19. Jahrhunderts brauchte Arbeiter, die brauchten Wohnungen, die wiederum Boden brauchten. Für Grundeigentümer ein gigantisches Geschäft. Bezahlt wurde dies durch Überbelegung, etwa durch

3 »Die größten deutschen Privateigner von Wald sind mit Ausnahme der Constantia Forst GmbH, der Bofrost-Stiftung und der Blauwald GmbH allesamt Adelsfamilien«, vgl. Wald-Prinz, Waldbesitzer: Wem gehört der deutsche Wald?, in: Wald-Prinz.de, 03.03.2019, URL: http://www.wald-prinz.de/waldbesitzer-wem-gehort-der-wald [eingesehen am 04.07.2020].

4 Karl Marx, Das Kapital. Dritter Band, MEW, Bd. 25, Berlin 1983, S. 782.

Schlafburschen als Untermieter, sowie durch ungesundes Klima. Hohe Mieten und schlechte Wohnverhältnisse waren daher immer schon nicht nur politisch bedenklich, sondern beschränkten auch die Verwertungsfähigkeit der Arbeitskraft – eine neue Konkurrenzsituation zwischen Grundeigentümern und Fabrikeigentümern war entstanden. Wohnen zieht seither mehrere gleichzeitige und sich teilweise ausschließende Ansprüche auf sich. Dieses Spannungsverhältnis prägt bis heute die Konfliktlagen: Wohnen ist für die Anwender der Arbeitskraft bzw. die Privateigentümer an Produktionsmitteln zentral, da die Arbeitskräfte Obdach, und sei es noch so schlecht, brauchen. Wohnen dient den Grundeigentümern wiederum als Quelle von Reichtum, indem sie vom Lohn, den die Arbeitskraftbesitzer erhalten, einen Anteil abziehen. Und Wohnen dient dem Überleben und Leben der Lohnarbeitskräfte selbst. Viele Leserinnen und Leser des Marx'schen »Kapital« gehen schnell über die mehr als fünfzig Seiten hinweg, auf denen Marx sein *allgemeines Gesetz der kapitalistischen Akkumulation* illustriert. Gerade hier aber geht es um genau dieses Zusammenspiel von Eigentum an Produktionsmitteln, Grund und Boden, Arbeits-, Ernährungs- und vor allem auch Wohnbedingungen; hier wird der antagonistische Charakter des kapitalistischen Eigentums

greifbar. In ausführlichen Zitaten kommen Ärzte, Kommunalpolitiker und wohlmeinende Wissenschaftler zu Wort. Sie beschreiben das Elend gerade der Wohnbedingungen und seine Verbindung mit Industrialisierung eindrucksvoll und machen so auf die Gefahren aufmerksam, die davon ausgehen. Jeder wisse, so Marx, dass »die Teuerkeit der Wohnungen im umgekehrten Verhältnis zu ihrer Güte steht und daß die Minen des Elends von Häuserspekulanten mit mehr Profit und weniger Kosten ausgebeutet werden als jemals die Minen von Potosi.«[5] Auch bessergestellte Arbeiter und Kleinbürger würden in den Sog von höheren Mieten und Verdrängung hineingezogen. Eine Erfahrung, die viele Menschen in Städten wie Berlin oder München in den letzten Jahren schmerzhafter als je zuvor machen durften, obwohl sich die Machtverhältnisse innerhalb und zwischen den Klassen und ihre jeweilige Zusammensetzung seither stark verändert haben.

Die Kategorie der Klasse bewegt sich auf einem hohen Abstraktionsniveau. Es ist noch nichts darüber gesagt, wie sie sich konkret zusammensetzt, das heißt, unter welchen Bedingungen die Menschen arbeiten müssen, zu welchem Lohn, mit welchen Nach- oder Vorteilen in der Konkurrenz, auf welcher Stufe der Karriereleiter und so weiter. Viele werden immer wieder auf die Straße gesetzt, andere bekommen nie einen Job. Ein weiterer Teil verbleibt in unbezahlten Tätigkeiten, oft patriarchalen Abhängigkeiten. Diese sozialen Ausdifferenzierungen sind stets im Wandel, die individuellen Lebensläufe dem krisenhaften Auf und Ab kapitalistischer Marktwirtschaft unterworfen. Die so im Konkreten extrem ausdifferenzierte Klasse ist daher beileibe nicht homogen in ihren Interessen – im Gegenteil: Sie stehen in Konkurrenz zueinander, um Arbeitsmöglichkeiten und die Anteile am gesellschaftlich produzierten Reichtum, der je nach Kräfteverhältnis im Umfang ab- oder zunehmen kann. In den letzten vier Jahrzehnten sind Privatisierungen und die Zunahme sozialer Ungleichheit, die Entstehung eines Niedriglohnsektors, die Prekarisierung der Arbeitsverhältnisse Hand in Hand gegangen. Zugleich hat das nationale und internationale Kapital Immobilien als sichere Anlagesphäre entdeckt. *Landgrabbing*, die Ausweitung privaten Wohnungsbaus und Privatisierung einstmals gemeinwirtschaftlicher Wohnungsbestände stellen die Frage nach dem Recht, »die Erden bewohnen zu dürfen«, mit neuer Schärfe. Das betrifft nicht nur die Mieterinnen und Mieter, die sich plötzlich als Rädchen multinational agierender Verwertungsketten in großen Immobilienkonzernen sehen. Die Eigentumswohnung, das kleine Grundeigentum – in Zeiten der Konjunktur als zuverlässige Alterssicherung gekauft – löst sich schnell in nichts auf. Wie in der letzten großen Krise vor allem in den USA erlebt, fällt es an die heute Großen, an Banken und Finanzdienstleister, die

5 Karl Marx, Das Kapital. Erster Band, MEW, Bd. 23, Berlin 1968, S. 687 f.

ihre Kunden mit dem Bild des soliden Grundeigentums blenden und dann, wie dereinst den arroganten Adel, gefügig machen und gegebenenfalls auch enteignen. Wer nicht zahlt, verliert; damals den angestammten Herrensitz, heute die Wohnung. Man erinnere sich an das Agieren der Deutschen Bank in den USA in der letzten großen Krise, ein Baustein der Skandalkette, die zum Markenzeichen dieses Unternehmens geworden ist. Die *schlechten Kredite*, die an Menschen, die sich ein Haus eigentlich nicht leisten konnten, mit allen möglichen Versprechungen vergeben wurden, und die dann in der Krise dieses Haus an die Gläubiger verloren, stehen für neue Wege der Umverteilung, die doch so alt sind. Diese Alltäglichkeit der Enteignung ist freilich schon wieder verdrängt und hat Deutschland auch viel weniger getroffen.

So hat diese Gemengelage die asymmetrischen Machtbeziehungen bei Grundeigentum neu sortiert und quer durch alle Schichten gezogen. Wohnen Lohnabhängige zur Miete in der Immobilie eines börsennotierten Konzerns, ist das Verhältnis zwischen ihnen und dem Vermieter eine Verlängerung des Konflikts zwischen Kapital und Arbeit. Dieser kann sich auch in ein und dieselbe Person verlagern, wenn eine Mieterin einen Teil ihres Lohns in die Riesterrente investiert und der Pensionsfonds dieses Geld bei dem Immobilienkonzern anlegt, der zufällig ihr Vermieter ist und ihre Miete zur Renditesteigerung der Anlage erhöht. Die aus den Privatisierungsorgien der 1980er und 1990er Jahre erwachsene Finanzialisierung – mit ihren meist undurchsichtigen Finanzmarktinnovationen – beschenkte uns mit diversen Immobilienfonds, über die auch die potenziellen Privatisierungsopfer meinen, von der Privatisierung ihrer oder fremder Wohnungen profitieren zu können. Geht es überdies um die Gewerbemiete von Selbstständigen oder Unternehmen, haben wir es mit einem Verteilungskonflikt zwischen Kapitalfraktionen zu tun oder zwischen Kapital und »kleinem Meister« (Marx). Bei Kleinbetrieben, die noch nicht als Kapitalisten zählen, führen Mieterhöhungen schnell in die Pleite. Selbstgenutztes Wohneigentum ist wiederum ein Verhältnis der Eigentümer zu sich selbst, daher keine Machtbeziehung und somit nicht der maximalen Kapitalverwertung unterworfen, es sei denn, die Wohnung wird irgendwann mit genau jener Absicht wieder verkauft. Eine Machtasymmetrie gibt es auch zwischen den Eigentümern weniger oder gar nur einer einzigen Wohnung, die mit dem Zweck der Altersvorsorge vermietet wird. Hier findet in der Regel eine Spaltung innerhalb der Klasse der Lohnabhängigen statt, indem die einen den Lohn der anderen abschöpfen. Je mehr Wohnungen diesen ungleichen Machtbeziehungen unterstellt werden, und je zersplitterter sie sind, desto individualisierter sind die Kämpfe, desto ohnmächtiger die Einzelnen, desto giftiger die stadtpolitische Debatte um die Deckelung von Mieten. Allerdings umgibt das Grundeigentum bis heute als Reflex alter grundherrlich-patriarchaler Verhältnisse die Aura des Erhabenen. Obwohl es heute etwas ganz anderes ist, dürfte auch der Reflex dieser Erhabenheit, die Erinnerung an die mit Grundeigentum verbundene symbolische Macht erklären, warum gegen Beschränkungen des Wohneigentums eine gemeinsame Front von Großunternehmen bis zum Kleinstwohnungseigentümer entstehen kann, wie es gegenwärtig zu beobachten ist in den Auseinandersetzungen um Eigentumsbeschränkungen wie den Mietendeckel in Berlin oder die Mietpreisbremse im Bund.

Schon früh wurde, wie eingangs erwähnt, die Wohnungsfrage zu einem, wenn nicht dem entscheidenden Punkt der *Arbeiterfrage.* Im August 1865 diskutierte man in deutschen Regierungskreisen über die Bedingungen, unter denen Arbeitern das Recht, sich organisieren zu dürfen, wiedergewährt werden könnte, nachdem man es ihnen nach der Revolution von 1848/49 entzogen hatte. Die politisch aktiven Arbeiter (ohnehin nur die Männer) flüchteten sich ihrerzeit in die von den bürgerlichen Liberalen gestifteten Bildungsvereine. Schon dort spielte die Frage, wie der Mangel an billigen und gesunden Arbeiterwohnungen gemindert werden könnte, eine Rolle. Mit dem Aufstieg einer selbstbewussten Arbeiterschaft und der revolutionären Sozialdemokratie, der Entstehung der Internationale und schließlich mit der Pariser Kommune war klar geworden: Die Lösung der Wohnungsfrage entscheidet über die Zukunft des privaten Eigentums an den Produktionsmitteln. Aktive Wohnungspolitik war daher immer auch Politik zur Sicherung des sozialen Friedens als Voraussetzung für den Erhalt der Klassenherrschaft. Auch in den vergangenen Jahrzehnten gab es mal mehr mal weniger sichtbare Kämpfe sozialer Bewegungen gegen Mietsteigerungen, Verdrängung oder Wohnungsnot, angefangen von Hausbesetzungen bis hin zu Kampagnen, wie derzeit das in Berlin heftig umstrittene Vorhaben, mittels eines Volksbegehrens die Vergesellschaftung großer, rein renditeorientierter Immobilienkonzerne zu erwirken. Die Auseinandersetzungen um die Stadtgestaltung und die Entwicklung demokratischer Verfahren in der Bauplanung, Mieterproteste in den 1960er und 1970er Jahren, Organisierung der Mieterschaft und Bildung von Bürgerinitiativen in vielen Fragen, die mit Wohnen zusammenhängen, sollten mit ihren Erfolgen und Niederlagen auch heute noch als Schatz der sozialen Bewegungen hochgehalten werden. Ohne sie sähe das Land heute anders aus, trotz aller Probleme. Diese Solidarität erodiert, und all diese scheinbar nur kleinen Erfolge drohen, niedergewalzt zu werden. Die Angst des Einzelnen in seinem Eigenheim – oder in seiner Wohnung – mag oft diffus sein, aber das macht sie so wirkungsmächtig.

Die Widersprüche, die mit dieser Politik einhergingen, und die sie begleitenden Debatten haben sich im Grunde seit der zweiten Hälfte des 19. Jahrhunderts kaum verändert. In einer Denkschrift der österreichischen Regierung an Otto von Bismarck aus dem Jahre 1871 finden wir die vertraute Formulierung, dass die Wohnungsfrage sich allerdings der unmittelbaren staatlichen Einflussnahme entziehe, der Staat aber größere Unternehmen zum Bau »zweckmäßiger Arbeiterhäuser« ermuntern solle. Im gleichen Jahr finden wir Forderungen nach der Schaffung von Bauvereinen – auch für Arbeiter. Arbeiter sollten, vom Unternehmer gefördert, für das eigene Häuschen sparen – gegebenenfalls auch unter Zwang. Auch der Zusammenhang von Infrastruktur und Wohnen wird hier schon Gegenstand: Man fordert den Ausbau von Eisenbahnstrecken, um Berufspendler günstig in die Städte bringen zu können und damit die Wohnsituation dort zu entspannen. Wie groß muss die Angst vor der damals noch revolutionären Sozialdemokratie gewesen sein? Genau betrachtet sind das alles Ideen, wie sie auch heute noch verfolgt werden – die letzten 150 Jahre haben dahingehend nicht viel an Innovation gebracht. Das bis heute zu beobachtende Hin und Her zwischen den verschiedenen Formen der Sicherung des Grundbedürfnisses Wohnen[6] – privater, genossenschaftlicher, staatlicher Wohnungsbau, entsprechende Mischung von Eigentumsformen, Wohnungsbauförderung, Zwangsbewirtschaftung, auch Infrastrukturplanung usw. – nahm hier seinen Anfang.

6 Vgl. Lutz Brangsch, Wohnen und Stadtentwicklung unter sozialen Gesichtspunkten. Der Weg der Bundesrepublik. Thesen, Berlin 2007, URL: https://ifg.rosalux.de/files/2020/06/Wohnen-und-Stadtentwicklung-unter-sozialen-Gesichtspunktenmod.pdf [eingesehen am 12.07.2020].

Sabine Nuss volontierte beim Axel Springer Verlag Hamburg als Journalistin und ist heute Geschäftsführerin des Karl Dietz Verlags Berlin. Sie promovierte zu Fragen des Eigentums in einer digitalen Welt und schreibt als Autorin für diverse Zeitungen. Zuletzt erschien von ihr das Buch: »Keine Enteignung ist auch keine Lösung. Die große Wiederaneignung und das vergiftete Versprechen des Privateigentums«. Im Internet: nuss.in-berlin.de.

Dr. Lutz Brangsch, geb. 1957, Ökonom, Referent im Institut für Gesellschaftsanalyse der Rosa-Luxemburg-Stiftung, arbeitet zu Fragen der Transformation von Staatlichkeit und Demokratie im 21. Jahrhundert sowie zu theoriegeschichtlichen Problemen der Marx'schen Kritik der politischen Ökonomie, aktuelle Publikation »W.I.Lenin« in: Holger Janusch (Hrsg.): Handelspolitik und Welthandel in der Internationalen Politischen Ökonomie, S. 79–90.

ORTE DER TRANSFORMATION?

GEMEINSCHAFTLICHE WOHNPROJEKTE ZWISCHEN WIDERSTÄNDIGKEIT UND VEREINNAHMUNG

Ξ Sylvia Beck

Sie heißen etwa »Wohnsinn«, »Mehr als Wohnen«, »SchönerHausen« und machen oft mit ihrem Namen bereits deutlich, dass hier *Wohnen* nicht *nur* ein Dach über dem Kopf zu haben meint. Gemeinschaftliche Wohnprojekte wie diese hier nur beispielhaft genannten erfahren seit Beginn der 2000er Jahre und noch verstärkter seit den 2010er Jahren wachsendes Interesse. Und zwar sowohl seitens der Bevölkerung als auch von Politik und Verwaltung. In Debatten werden Wohnprojekte häufig mit emanzipatorischen Bewegungen der 1970er und 1980er Jahre und daraus hervorgegangenen Wohnformen assoziiert sowie mit veränderten Lebensvorstellungen begründet. Bisweilen werden sie aber auch hinsichtlich sozialer Herausforderungen programmatisch als gesellschaftlich gewinnbringend propagiert. Welche Ursachenzusammenhänge es dafür gibt, dass Menschen sich zunehmend für diese Wohnform interessieren und sie aktiv (mit)gestalten, wie sich im gemeinschaftlichen Wohnen konkreter Wohnalltag praktisch vollzieht und auch welche Relevanzen sich darin für heutige Lebensgestaltungen zeigen, wurde bislang jedoch wenig erforscht und grundlegend diskutiert. Gerade im Blick auf die konkrete Praxis liegt jedoch ein Schlüssel, um gemeinschaftliches Wohnen in seiner Bedeutung *heute*, seinem transformativen Potential, aber auch in der Gefahr seiner Instrumentalisierung auszuleuchten sowie kritisch und gewinnbringend weiterzudenken. Nach ersten Annäherungen an das Phänomen möchte ich diese Punkte im Folgenden ausführen.

GEMEINSCHAFTLICHES WOHNEN – NUR EIN RANDPHÄNOMEN?

Was gemeinschaftliches Wohnen heute meint, bezweckt und (aus)macht, lässt sich nur schwer allgemeingültig fassen. Klar ist: *Das* gemeinschaftliche Wohnen gibt es nicht. Wohnprojekte heute zeigen sich äußerst vielfältig in ihrem Erscheinungsbild, ihrer Größe und Organisationsform, auch in ihrer Alterszusammensetzung und ihren (sozialen, ökologischen, wirtschaftlichen) Konzepten. Sie sind jedoch darin geeint, dass sich hier Menschen bewusst zusammenschließen, um gemeinsam *anders* zu wohnen und zu leben. Immer mehr zeigen sich dabei auch junge Familien sowie Menschen im Übergang ins Alter aktiv. Die Rede ist oftmals von sozialer, lebendiger Nachbarschaft, von Gemeinsinn oder Solidarität, zunehmend auch von Nachhaltigkeit oder – noch aktueller – von Postwachstumsgesellschaft. Hierfür organisieren die Bewohner*innen ihre Wohnprojekte nach oft langjährigen und aufreibenden Aufbauprozessen vielerorts weitgehend selbstverwaltet – oder auch in Kooperation mit einer wachsenden Vielfalt an Trägern. Mit spezifischen Räumlichkeiten (etwa Gemeinschaftsräume/-gärten, Werkstätten, Gästezimmer, Bibliotheken, Ateliers u. a.) schaffen sie neben privaten Wohneinheiten unter einem Dach auch halböffentliche sowie öffentliche Sphären und damit auch Gelegenheiten, verschiedene Formen von Erwerbsarbeit im Wohnzusammenhang zu verorten, aber auch bewusst kulturell in die Nachbarschaft und darüber hinaus zu wirken.

Auch wenn gemeinschaftliches Wohnen zahlenmäßig im Verhältnis zur Gesamtzahl an Haushalten in Deutschland als Randphänomen zu sehen ist – eine Bestandsliste verzeichnet derzeit rund achthundert Projekte, Schätzungen belaufen sich auf zwei- bis dreitausend Projekte bundesweit[1] –, und auch wenn sein Potential zur Lösung der aktuellen Wohnungsfrage als gering erachtet wird[2], sollte seine Wirkungskraft nicht unterschätzt werden. Die Szenerie gemeinschaftlichen Wohnens zeigt nicht nur eine stetig wachsende Anzahl an Einzelprojekten und Initiativen, sondern auch fortschreitende Institutionalisierungsprozesse. Inzwischen besteht eine Vielzahl an lokalen Zusammenschlüssen und regelmäßigen Vernetzungsanlässen wie regionale Wohnprojekttage, Wohnbörsen etc., aber auch eine große Bandbreite an überregionalen Netzwerken, Dachorganisationen und Beratungsinstitutionen.[3] Verstärkt werden diese Entwicklungen auch immer häufiger durch Fragen nach dem guten Wohnen im Alter und damit verbundenen Akteur*innen, die zahlreiche Initiativen mitbegründen. Auch schlägt sich gemeinschaftliches Wohnen mittlerweile in einer gemeinschaftsfördernden Architektur nieder bzw. wird darüber ebenso mitgeneriert.[4] Gleichzeitig findet vielerorts eine Aneignung dieser Wohnform in kommunalen Planungsprozessen statt, indem Projektinitiativen in vielen Kommunen durch Anlaufstellen unterstützt und mit einem Vorkaufsrecht oder anteilig festgeschriebenen Flächennutzungen in der Stadtplanung verankert werden. Nicht zuletzt wird eine wachsende Förderung gemeinschaftlichen Wohnens auf Länder- und Bundesebene sichtbar – in Form von Fachstellen, politischen Programmen, wissenschaftlichen Erhebungen und hieraus gewonnenen Handlungsempfehlungen für Projekte und Kommunen.[5] Dabei wird das gemeinschaftliche Wohnen häufig in Verhältnis zu demographischen Entwicklungen sowie sozialen Herausforderungen gesetzt

1 Vgl. www.wohnprojekte-portal.de der Stiftung trias [eingesehen am 05.08.2020]; Micha Fedrowitz, Gemeinschaftliches Wohnen. Stand und Entwicklung in Deutschland, in: Nachrichten der ARL. Magazin der Akademie für Raumforschung und Landesplanung, Jg. 46 (2016), H. 1, S. 9–12.

2 Vgl. Joscha Metzger, Gemeinschaftliches Wohnen: Ansatz zur Lösung der Wohnungsfrage?, in: ebd., S. 18–22.

3 Vgl. etwa www.cohousing-berlin.de; www.gemeinschaftlich-wohnen.de; www.syndikator.org; www.fgw-ev.de [eingesehen am 05.08.2020].

4 Vgl. Wüstenrot Stiftung, Wohnvielfalt. Gemeinschaftlich wohnen – im Quartier vernetzt und sozial orientiert, Stuttgart 2017.

5 Vgl. z. B. Ministerium für Wirtschaft, Energie, Bauen, Wohnen und Verkehr des Landes Nordrhein-Westfalen, Baugruppen und Wohngruppenprojekte, Ein Handbuch für Kommunen, Düsseldorf 2010; Annette Spellerberg, Neue Wohnformen – gemeinschaftlich und genossenschaftlich. Erfolgsfaktoren im Entstehungsprozess gemeinschaftlichen Wohnens, Wiesbaden 2018.

und ihm offensichtlich eine Problemlösungskompetenz zugeschrieben: »Insbesondere wird gemeinschaftliches Wohnen als eine Antwort auf gesellschaftliche Entwicklungen und Trends wie den demografischen Wandel, die Ausdifferenzierung von Lebensstilen und den Wunsch nach Einbettung in eine nachbarschaftliche Gemeinschaft gesehen«.[6] In dieser wachsenden Popularität und programmatischen Verhandlung spiegeln sich neben individuellen auch gesellschaftspolitische Hoffnungen. Ricarda Pätzold vom Deutschen Institut für Urbanistik (Difu) konstatiert, dass die symbolische Bedeutung und Aufmerksamkeit für gemeinschaftliche Wohnprojekte deren tatsächliche Präsenz übersteige.[7] Und mittlerweile werden gar herkömmliche Immobilienprojekte am Markt (fälschlicherweise) als *Wohnprojekte* mit ebenso schillernden Namen angepriesen, weil dies offensichtlich verkaufsförderlich wirkt.

Gemeinschaftliches Wohnen trägt damit offensichtlich den Impetus einer allseits gewollten Entwicklung. Abgesehen von (auch nur teilweise) kritisch betrachteten Praktiken von Wohnprotesten und Hausbesetzungen verbindet sich eine seltsam harmonische, sowohl alters- als auch parteipolitisch übergreifend wohlwollende Stimmung mit diesem Phänomen. Dabei bleibt eigentümlich unbestimmt, wer oder was dessen Motor, wer hier Akteur*innen und Nutznießer*innen sind, wie hier individuelle Bedürfnisse mit gesellschaftspolitischen Interessen zusammenwirken (oder gar marktwirtschaftlich forciert und auch (aus)genutzt werden). Auf einen ersten Blick scheint gemeinschaftliches Wohnen damit seines widerständigen Potentials und seines politischen Anspruchs, welcher noch Wohnkollektiven, Kommunen und Ökodörfern seit den 1970er Jahren zugeschrieben wird, beraubt.[8] Wie eingangs angedeutet, scheint es jedoch notwendig und aufschlussreich, gemeinschaftliches Wohnen in einem zweiten Blick von seiner konkreten Praxis her und vor allem zeitlich kontextualisiert zu betrachten. In diesem Sinne skizziere ich im Folgenden vier Schlaglichter auf relevante Aspekte gemeinschaftlichen Wohnens *heute*, wie sie sich empirisch auf Basis biographischer Zugänge zeigen.[9]

SOZIALE UTOPIE ODER EIN KOMPLEXER WERDENDER (WOHN-)ALLTAG

Auch heute bilden sich im gemeinschaftlichen Wohnen noch widerständige Praktiken und alternative Wohnvorstellungen gegenüber gesellschaftlichen Ordnungen ab. Ausgehandelt wird dabei nicht nur eine neuerlich zunehmende Ökonomisierung von Wohn- und Lebensverhältnissen, die heute insbesondere bei flexibilisierten und damit unregelmäßigeren Erwerbsverläufen, aber auch bei absehbar knappen Renten im Alter (insbesondere auch bei frauenspezifischen Erwerbsverläufen) zu Verunsicherungen führt. Folglich geht

6 Bundesinstitut für Bau-, Stadt- und Raumforschung (BBSR), Neues Wohnen. Gemeinschaftliche Wohnformen bei Genossenschaften, Bonn 2014, S. 9.

7 Vgl. Ricarda Pätzold, Gemeinschaftliche Wohnformen, in: Bundeszentrale für politische Bildung (Hg.), Gesucht! Gefunden? Alte und neue Wohnungsfragen, Bonn 2019, S. 175–187.

8 Fedrowitz.

9 Sylvia Beck, Wohnen als soziale Praxis. Zur subjektiven Bedeutung von Gemeinschaftlichem Wohnen *heute*. Dissertation an der Universität Tübingen, i. E.

es bei den Wohnprojekten für viele darum, strukturelle Wohnsicherheit und hierfür geeignete Konzepte und Organisationsstrukturen zu entwickeln, die ihnen größere Unabhängigkeit vom Wohnungsmarkt und zugleich Mitsprachemöglichkeiten eröffnen. Ebenso deutlich rücken – je nach Lebenssituation unterschiedlich weitgehend – auch Fragen einer komplexer gewordenen alltäglichen Lebensführung in den Blick, die sich durch veränderte Arbeits- und Geschlechterverhältnisse sowie neue Lebensformen und -phasen bedingen und den Menschen eine Gestaltungsnotwendigkeit auch im Kontext des Wohnens abverlangen. Insbesondere für Familienkonstrukte zeigt sich, wie Alltag heute über ein komplexes Arrangement von Arbeit, Eltern- und Kindsein, gleichberechtigte Partnerschaft und Selbstbestimmung – und damit oft in Zerrissenheit und Zeitnot durch unterschiedliche Ansprüche – hergestellt werden kann und muss.[10] Vor diesem Hintergrund sind Wohnprojekte für viele attraktiv, weil sie Machbarkeit suggerieren und Handlungsspielräume eröffnen. In der Kooperation, Nahräumlichkeit und Kopräsenz – also in der gleichzeitigen Anwesenheit von Bewohner*innen sowie im Zusammenwirken und Nutzen gemeinsamer Ressourcen, über die sich Wohnprojekte auszeichnen –, liegen Möglichkeiten, alltagspraktisch notwendige Tätigkeiten umzuorganisieren oder auch neue, bereichernde zu entwickeln. Bewohner*innen erfahren darin potenziell konkrete Unterstützung, zeitliche Flexibilität, aber auch Kontakt- und Mitwirkungsmöglichkeiten – angefangen von der Organisation von Haushalt/Garten, Gebäudenutzung/-verwaltung bis hin zu Engagement und Kultur im Wohnkontext. Dabei erweist sich nicht zuletzt auch ein anderes alltägliches Sorgen (für sich und andere) als relevant, und zwar weniger in Form von grundständiger Pflege oder Kinderbetreuung – das wird mehrheitlich in professionellen Händen gesehen –, sondern vielmehr im Sinne ihrer Gewährleistung sowie durch sozialen Rückhalt und Wertschätzung im Alltag. Allein zu wissen, dass immer jemand da ist, Rat und Hilfe weiß, kann ein Gefühl von Sicherheit schaffen. Den eigenen Alltag im gemeinschaftlichen Wohnen auf solche Weise gelingend(er) gestalten zu können, zeigt sich gerade auch im Übergang ins Alter respektive in einer mehrheitlich noch langen Nacherwerbsphase und für ein aktives Altern als bedeutend – also dann, wenn Alltag nicht mehr über Arbeits- und Familienzusammenhänge vorstrukturiert, sondern individuell organisiert und sinnvoll gestaltet werden soll. Engagement im und über das Wohnprojekt eröffnet hier neue Rollen, die Anerkennung verschaffen und Möglichkeiten vielfältiger(er) Teilhabe bieten. Und auch im vorausschauenden Blick auf ein (hilfsbedürftiges) Alter sehen sich viele Menschen zur Eigenaktivität und Eigensorge gedrängt – sei es, weil sie keine Kinder haben oder diese (in deren komplexer

10 Vgl. Karin Jurczyk u. a. (Hg.), Doing family. Warum Familienleben heute nicht mehr selbstverständlich ist, Weinheim 2014.

gewordenem Alltag) nicht zusätzlich belasten wollen, aber auch weil sie in bisherigen Wohnsettings für das Alter (allein, Alters-/Pflegeunterkünfte u.a.) keine überzeugende Option sehen.

Im gemeinschaftlichen Wohnen dokumentieren sich somit – durchaus vielfältig und unterschiedlich gewichtet – einerseits Fragen einer alternativen Sicherung von Wohnräumen, aber auch Mitgestaltungs- und Teilhabeinteressen, eine Notwendigkeit alternativer *Care*-Arrangements und der Wunsch nach einem anderen Umgang mit Ressourcen und Zeit. Wohnprojekte sind damit nicht nur als utopische Gegenorte, sondern auch als alltagspraktische Bewältigungsorte und eigensinnige Wohnkulturen zu sehen, über die – mittels einer spezifischen Wohnraumversorgung, aber auch kollektiven Alltagsgestaltungen – widersprüchlich erlebte, normalisierende Muster im Wohnen praktisch ausgehandelt und verändert werden. Hier durchmischen sich verschiedene Lebensbereiche, die im Zuge der Funktionalisierung der Moderne für lange Zeit räumlich aufgespalten (in Sphären der Arbeit, Bildung, Sorge, Freizeit, Kultur) und nur durch normalisierende Muster des Normallebenslaufs sowie damit einhergehende, geschlechtsspezifische Rollenteilungen zusammengehalten wurden. Der »Idealtypus modernen Wohnens«,[11] wie er sich erst im Zuge der Modernisierung entlang von Normallebenslauf,

11 Vgl. Hartmut Häußermann u. Walter Siebel, Soziologie des Wohnens. Eine Einführung in Wandel und Ausdifferenzierung des Wohnens, Weinheim 1996.

Normalerwerb und Normalfamilie, mit entsprechenden Wohnmustern und Wohnformaten wechselseitig herausbildete (und dabei schon immer auch ausschließend wirkte), scheint mit fortschreitenden Entgrenzungsprozessen (Flexibilisierung von Arbeitszusammenhängen, Heterogenisierung von Lebenslagen/-verläufen, veränderte Wohlfahrtsstaatlichkeit) infrage gestellt. Wohnalternativen erscheinen für viele Menschen sinnvoll und erforderlich.

EINBINDENDE WOHNPRAXIS UND MÖGLICHKEIT ZU KULTURELLEM SELBSTAUSDRUCK

Im gemeinschaftlichen Wohnen drückt sich somit aus, wie Wohnverhältnisse angesichts spätmoderner Herausforderungen nicht nur widerständig gestaltet, sondern auch aktiv passend gemacht und dadurch veränderte Wohnbedürfnisse strukturell anerkannt werden. Im Gelingen bringt gemeinschaftliches Wohnen für die Mitwohnenden damit neben dem konkreten Mehrwert an Wohnsicherheit und Alltagspraktikabilität auch die Erfahrung mit sich, Lebensverhältnisse selbst (mit)gestalten zu können. Gerade die gemeinsamen Aneignungsprozesse – also Wohnarrangements praktisch gestalten, umnutzen, aber auch Prozesse und Umgangsweisen kommunikativ aushandeln zu können – sowie das Überwinden von allfälligen Hürden und Konflikten,

die sich dabei auftun, kann letztlich soziale Zugehörigkeit und örtliche Verbundenheit schaffen. Das Wirken im Wohnkollektiv, aber auch die zumeist positive Resonanz von außen ermöglichen zudem, Selbstvergewisserung zu erfahren. Dies scheint insbesondere angesichts spätmoderner Verunsicherungen relevant, die mit Entgrenzungen und neuen Heterogenitäten ebenso einhergehen wie mit Beschleunigungsprozessen, welche eigenes Wissen und Erfahrungen drastisch entwerten.[12] Im eigenen Tun Gewissheit zu erfahren, bestärkt viele darin, sich weiterhin im Projekt einzubringen und die Wohnidee weiter nach außen zu tragen. Kurz: Im gemeinschaftlichen Wohnen die eigenen Wohnverhältnisse und den Wohnalltag eigenaktiv gelingend(er) und anerkannt gestalten zu können, stärkt auch Partizipationsinteressen. Hierfür provozieren Mitwohnende verschiedenste Kommunikations- und Positionierungsanlässe – von der Hühnerhaltung im Stadtzentrum über das Nachbarschaftscafé bis hin zu kulturellen Veranstaltungen. Sie wirken häufig auch bei Nachbarschaftsinitiativen, in Stadtteilprozessen wie auch in Vernetzungsaktivitäten mit, worüber sich örtliche Dynamiken, Quartiersentwicklungen, aber auch räumliche Ballungen von neuen Wohnprojekten und Institutionalisierungsprozesse (mit)erklären.

Wohnprojekte werden dadurch zu Gelegenheitsstrukturen, Plattformen und kulturellen Orten, um Ideen zu transportieren und sich weiter einzubringen. Sie zeichnen sich damit als identitätsstiftend und als Partizipationsorte aus, indem sie ein Mitwirken und einen kulturellen Selbstausdruck ermöglichen. Ihre Bewohner*innen sind oder werden dadurch (erst prozesshaft) zu Akteur*innen sozialen Wandels (nicht nur) im Feld des Wohnens. Als bedeutend erweisen sich neben kollektiver Wohnpraxis vor allem auch Räume und Mitwirkungsstrukturen, die – gerade in ihrer eigentätigen Verhandlungs- und Gestaltbarkeit sowie darüber zu erlebender Handlungsfähigkeit und Resonanz – ermöglichenden Charakter haben.

»STILLE REVOLUTION« ODER DIE GEFAHR NEUER VERDECKUNGEN UND AUSSCHLÜSSE

Indem sie notwendig eigenaktiv neue, für sich passende Wohnverhältnisse schaffen, handeln gemeinschaftliche Wohnakteur*innen heute – im Duktus der Aktivierung – quasi in gesellschaftlich legitimierter Weise. Gemeinschaftliches Wohnen kann insofern auch als Zeitphänomen einer Aktivgesellschaft gesehen werden. Mit Stephan Lessenich ist damit jener »neue Geist der Aktivität und Mobilität, der Flexibilität und Beweglichkeit, der Eigentätigkeit und Selbststeuerung« gemeint, der unsere heutige Gesellschaft kennzeichne.[13] Selbstorganisation zeigt sich hier nicht mehr nur als widerständiges Mittel,

12 Vgl. Hartmut Rosa, Beschleunigung. Die Veränderung der Zeitstrukturen in der Moderne, Frankfurt a. M. 2005.

13 Stephan Lessenich, Die Neuerfindung des Sozialen. Der Sozialstaat im flexiblen Kapitalismus, Bielefeld 2008, S. 16.

um Eigensinn zu leben und Selbstausdruck zu ermöglichen, sondern auch als logische Konsequenz eines neosozialen Regierens, das die Bürger*innen zu Selbstverantwortung leitet und dafür anerkennt. Einerseits dokumentieren sich darin spätmoderne Freiheiten – auch ohne lauten Protest und Widerstand –, (nicht nur) Wohnverhältnisse unbeschwert(er) nach eigenen Bedürfnissen und Vorstellungen (mit)gestalten zu können. Mateo Kries, Direktor der Ausstellung »Together! – Die neue Architektur der Gemeinschaft« spricht von einer »stillen Revolution«.[14] Andererseits geht damit die Gefahr einher, strukturelle Widersprüche und Unwägbarkeiten bisheriger Wohnformate zwar kollektiv, aber dennoch nur *unter sich* zu lösen. Ohne explizite Forderungen, wie sie von vielen Projekten bereits ausgehen, bleiben öffentliche Debatten zu strukturellen Ursachenzusammenhängen und Handlungsnotwendigkeiten aus. Widersprüche und Ungleichheiten im Wohnen bleiben so weiterhin verdeckt. Gemeinschaftliches Wohnen birgt damit die Gefahr der Selbstzuschreibung von Lösungen, seine programmatische Gutheißung auch die einer Instrumentalisierung. Zugleich stehen Wohnprojekte in der Gefahr, neue soziale Ausschlüsse zu generieren – nunmehr weniger entlang von Mustern eines zu erfüllenden Normallebenslaufs, sondern entlang von persönlichen Fähigkeiten und Kapazitäten, sich eigenständig organisieren zu können. So beweisen Akteur*innen gemeinschaftlicher Wohnprojekte ein hohes Maß an Kommunikations-, Organisations- und Konfliktfähigkeit, wie es sich insbesondere für die eigenständige Entwicklung, aber auch im Alltag gemeinschaftlichen Wohnens erforderlich zeigt. Darin spiegelt sich die notwendige »Bewegungsfähigkeit« einer spätmodernen Lebensführung, wie sie Stephan Lessenich als wesentliche Dimension sozialer Ungleichheit diskutiert.[15]

AUFFORDERUNG ZU EINER GESELLSCHAFTLICHEN NEUORDNUNG VON WOHNVERHÄLTNISSEN

Entgegen den in Wohndebatten oft fokussierten ökonomischen Steuerungsprinzipien, die Wohnen auf eine Ware reduzieren, rücken im Kontext gemeinschaftlichen Wohnens wesentlich (auch) veränderte Lebenszusammenhänge angesichts spätmoderner Rahmungen, damit einhergehende Bewältigungsherausforderungen und Gestaltungsfreiheiten und somit Wohnen als sozial(räumlich)er Zusammenhang in den Blick. Die sichtbar werdenden Aushandlungsleistungen im gemeinschaftlichen Wohnen, aber auch das große Interesse der Bevölkerung daran, lassen sich entsprechend auch als Aufforderung lesen, das *Wohnen an sich* anders zu denken.[16] So besteht die Chance und das transformative Potential gemeinschaftlichen Wohnens nicht zuletzt auch darin, Widersprüche und alltägliche Notwendigkeiten im Wohnen sichtbar

14 Mateo Kries u. a., Together! Die Neue Architektur der Gemeinschaft, Weil am Rhein 2017, S. 35.

15 Lessenich, S. 139.

16 Vgl. Jürgen Hasse, Unbedachtes Wohnen. Lebensformen an verdeckten Rändern der Gesellschaft, Bielefeld 2009.

zu machen und das gute Wohnen – individuell, gesamtgesellschaftlich, politisch – zur Diskussion zu stellen. Dabei ist ein anzustrebendes *Soziales Wohnen* in Wechselwirkung mit einer *Sozialen Wohnraumversorgung* zu denken, und zwar nicht nur im Hinblick auf Bezahlbarkeit, sondern auch hinsichtlich räumlich-struktureller Möglichkeiten, heutige Lebenszusammenhänge sinnvoll zu gestalten und dabei Selbstausdruck zu ermöglichen. Das heißt letztlich, auch kritisch zu prüfen, inwieweit sich bestehende Wohnformate, wie wir sie als gebaute Wohnräume, Wohnsicherungen, aber auch Vorstellungen und Leitbilder guten Wohnens etc. kennen, für heutige Lebensverhältnisse noch als adäquat erweisen und welche Neustrukturierungen im Wohnen entsprechend notwendig sind.

Dies erfordert zum einen weitergehende Wohnforschung, welche das Wohnen für alle Lebenslagen und -phasen in seinem heutigen gesellschaftlichen Bedingungsgefüge betrachtet, und zwar als *subjektorientierte Wohnforschung.* Auf diese Weise werden Neuentwicklungen wie auch problematisch erscheinende Phänomene des Wohnens in einer Lebensbewältigungs- bzw. -gestaltungsperspektive angesichts gesellschaftlicher Herausforderungen und damit einhergehender neuer sozialer Ungleichheiten analysierbar. Zum anderen ist eine Neugestaltung von Wohnverhältnissen im Sinne einer sozialen Infrastruktur zu diskutieren. Eine solche Perspektive auf Wohnen scheint insbesondere seit der Abschaffung der Gemeinnützigkeit im Wohnsektor weniger handlungsleitend für Wohnbauprozesse[17] und erst allmählich – auch dank vieler Wohnprojekte und -proteste – wieder an Beachtung zu gewinnen. Hier sind auch institutionell kreative Ideen gefordert, die ein *soziales Wohnen* ermöglichen – und zwar jenseits gängiger Muster von sozialem Wohnungsbau (und einhergehenden Stigmatisierungen). Es geht vielmehr darum, auch ermöglichende Orte und Strukturen zu entwickeln, welche Wohnsicherheit schaffen, aber auch Handlungsspielräume (mit)eröffnen und damit Selbstzuständigkeitszumutungen reduzieren. Dies erfordert Offenheit für neue Akteur*innenkonstellationen von lokalen Initiativen, sozialen Institutionen, Politik und Verwaltung im Sinne einer »koproduktiven Raumentwicklung«.[18] Dabei müssen auch nicht-lineare Prozesse, die auf Mitgestaltung und Aneignung ausgerichtet sind, ermöglicht werden – bis hin zu einer Diskussion über alltagstaugliche Städte.[19] In der Konsequenz hieße dies, sich den auch programmatisch flankierten (oftmals viel zu großen) Schuh selbstorganisiert gemeinschaftlichen Wohnens – bei allem Zugewinn an wertvollen Erfahrungen – nicht (nur) selbst anzuziehen bzw. anziehen zu lassen. Hingegen wäre ein *anderes* Wohnen und dessen Sicherung noch verstärkter auch gesellschaftlich zu denken und zu gestalten.

17 Vgl. Andrej Holm, Neue Gemeinnützigkeit. Gemeinwohlorientierung in der Wohnungsversorgung. Arbeitsstudie im Auftrag der Fraktion DIE LINKE im deutschen Bundestag, Berlin 2015

18 Isabel Finkenberger u. Christoph Schlaich, Zusammenleben in integrierten Nachbarschaften, in: Aus Politik und Zeitgeschichte, Jg. 64 (2014), H. 20–21, S. 46–52, hier S. 51.

19 Vgl. Andreas Feldtkeller, Zur Alltagstauglichkeit unserer Städte. Wechselwirkungen zwischen Städtebau und täglichem Handeln, Tübingen 2012.

Dr. Sylvia Beck, geb. 1974, lehrte und forschte am Fachbereich Soziale Arbeit der FHS St. Gallen (CH), promovierte an der Universität Tübingen zum Thema Gemeinschaftliches Wohnen, arbeitet derzeit freiberuflich sowie als Lehrbeauftragte an der Hochschule Esslingen; Arbeits- und Forschungsthemen sind Soziale Arbeit & Wohnen, nachbarschaftliche Zusammenhänge, Sozialpädagogik der Lebensalter, Kinder- und Jugend(bildungs)arbeit; aktuelle Buchveröffentlichungen: Die Wiederkehr der Wohnungsfrage. Historische Bezüge und aktuelle Herausforderungen für die Soziale Arbeit. Zürich: Seismo 2019 (zusammen mit Christian Reutlinger); Wohnen als sozialräumliche Praxis. Zur subjektiven Bedeutung von Gemeinschaftlichem Wohnen im Kontext sozialen Wandels. Wiesbaden: Springer VS (i.E.).

AUSSTIEG AUS DEM SPEKULATIONSKARUSSELL

WEGE ZU EINER GEMEINWOHLORIENTIERTEN WOHNUNGSWIRTSCHAFT

Ξ Tobias Bernet

Die Wohnungsfrage hat 2019 endgültig (wieder) die bundesweite Öffentlichkeit erreicht. In zahlreichen Städten fanden im Frühjahr – wie schon im Jahr zuvor – bemerkenswert große Mieter*innendemonstrationen statt und in Berlin wurde sowohl das Volksbegehren *Deutsche Wohnen & Co. enteignen* als auch eine (im Februar 2020 als Landesgesetz verabschiedete) öffentlich-rechtliche Miethöhenregelung in Form des *Mietendeckels* auf den Weg gebracht.[1] Dass eine solche – dies kann man ohne Wertung sagen – »eigentümer-unfreundliche« (und verfassungsrechtlich umstrittene) Regelung die Unterstützung selbst der SPD finden würde, galt noch vor Kurzem als kaum denkbar. Mietendeckel und Enteignungs-Initiative spiegeln teilweise sicherlich eine Berlin-spezifische Schärfe nicht nur dieses Konfliktes wider. Doch würden sie nicht auch bundespolitische Debatten so stark prägen, wenn die Wohnungskrise in anderen Städten ungleich weniger drastisch wäre – eine Krise, die in der internationalen Fachwelt durchaus als eine *globale* wahrgenommen wird.[2]

Welche Teile der Bevölkerung an welchen Orten und zu welchen Kosten in der Lage sind, das Grundbedürfnis Wohnen in angemessener Weise zu befriedigen, hängt naheliegenderweise davon ab, nach welchen wirtschaftlichen Modellen Wohnungsversorgung – Neubau ebenso wie Bestandsbewirtschaftung – erfolgt. Der vorliegende Beitrag befasst sich, ausgehend von aktuellen wohnungspolitischen Debatten, mit den Konturen einer am Gemeinwohl orientierten Wohnungswirtschaft. Dabei werden sowohl Merkmale der bereits gängigen Praxis – vor allem im genossenschaftlichen Segment – betrachtet als auch intrinsische, d. h. unternehmerisch-strategische, sowie extrinsische, d. h. gesetzgeberische, Potentiale zu deren Vertiefung.

Die in den letzten Jahren vermehrt verwendete, nicht einheitlich definierte Begrifflichkeit[3] erscheint zunächst behelfsmäßig: Es wird von »gemeinwohlorientiert« statt von »gemeinnützig« gesprochen, weil es eine gesetzlich definierte Gemeinnützigkeit im Wohnungswesen in Deutschland seit ihrer Abschaffung durch die damalige CDU-FDP-Koalition zum 1. Januar 1990 nicht

1 Vgl. Senatsverwaltung für Justiz, Verbraucherschutz und Antidiskriminierung (Hg.), Gesetz- und Verordnungsblatt für Berlin, Jg. 76 (2020), Nr. 6, S. 50–52; zur Annahme gesetzgeberischer Kompetenz der Bundesländer, auf die sich dieses stützt zuerst Peter Weber, Mittel und Wege landesrechtlichen Mietpreisrechts in angespannten Wohnungsmärkten, in: JuristenZeitung, Jg. 73 (2018), H. 21, S. 1022–1029.

2 Vgl. etwa Richard Florida u. Benjamin Schneider, The Global Housing Crisis, in: Bloomberg CityLab, 11.04.2018, URL: https://www.bloomberg.com/news/articles/2018-04-11/the-housing-crisis-extends-far-beyond-superstar-cities [eingesehen am 16.08.2020].

3 Auch das Bundesinnenministerium (BMI), seit 2017 für Bau- und Wohnungswesen mit zuständig, spricht mehrfach von »Gemeinwohlorientierung« und »gemeinwohlorientierter Bodenpolitik«; vgl. BMI, Empfehlungen auf Grundlage der Beratungen in der Kommission für »Nachhaltige Baulandmobilisierung und Bodenpolitik« (Baulandkommission), 02.07.2019. URL: https://www.bmi.bund.de/SharedDocs/downloads/DE/veroeffentlichungen/nachrichten/Handlungsempfehlungen-Baulandkommission.pdf [eingesehen am 16.08.2020].

mehr gibt.[4] Diese Ersatzfunktion zeigt sich gerade darin, dass ungefähr zeitgleich mit der stärkeren Verbreitung des Begriffs der Gemeinwohlorientierung auch die Debatte um die Wiedereinführung einer *Neuen Wohnungsgemeinnützigkeit* aufgekommen ist. Sowohl von den Grünen als auch von der Linkspartei liegen dazu bereits konkrete Vorschläge vor.[5]

Zu potentiellen Trägern eines neuen gemeinnützigen Wohnungsbaus, und damit zu einem auch ohne einheitliche gesetzliche Grundlage bereits *de facto* vorhandenen gemeinwohlorientierten Sektor, werden gemeinhin vor allem zwei größere Segmente gezählt: Wohnungsbaugesellschaften in öffentlichem, d.h. kommunalem oder Landeseigentum sowie Genossenschaften. Dieser Zuordnung folgt beispielsweise der Beschlusstext des erwähnten Berliner Volksbegehrens, der sich auf Artikel 15 GG stützt (und somit entgegen seiner Selbstbezeichnung tatsächlich nicht auf Enteignungen, sondern auf *Vergesellschaftungen* abzielt).[6] Dort wird *notabene* auf höchster gesetzlicher Ebene nach wie vor explizit die – potentielle – Existenz von »Formen der Gemeinwirtschaft« angenommen, in die »Grund und Boden, Naturschätze und Produktionsmittel [...] zum Zwecke der Vergesellschaftung [...] überführt werden« können. Der Beschlusstext nimmt sodann »Unternehmen in öffentlichem Eigentum oder in kollektivem Besitz der Mieter*innenschaft« von der angestrebten Vergesellschaftung aus. Landeseigene Gesellschaften und Genossenschaften werden somit implizit als bereits gemeinwirtschaftlich betrachtet. Ihnen werden die zu vergesellschaftenden großen »privaten Wohnungsunternehmen mit Gewinnerzielungsabsicht« gegenübergestellt.[7]

Tatsächlich gewinnt das Konzept einer gemeinwohlorientierten Wohnungswirtschaft – gerade auch jenseits einer rein juristischen Betrachtungsweise – Klarheit, wenn ihm die Funktionsweise des überwiegend profitorientierten Sektors gegenübergestellt wird. Dies kann an einem Beispiel illustriert werden, das so oder so ähnlich in deutschen Städten tausendfach existiert: Denken wir uns zwei direkt nebeneinander gelegene, mehr oder weniger baugleiche und auch auf einen ähnlichen baulichen Standard sanierte Altbauten. Die Kaltmiete in dem einen Haus beträgt fünf oder sechs Euro pro Quadratmeter monatlich, die im anderen elf oder zwölf Euro. Wieso? Weil das eine Haus seit Jahrzehnten im Eigentum einer Genossenschaft ist, das andere in den letzten Jahren von einer Erbengemeinschaft an einen Bauträger verkauft wurde und von diesem weiter an die Tochtergesellschaft einer Briefkastenfirma, etwa mit Sitz auf Zypern oder den Cayman Islands[8] (wobei in manchen großstädtischen Gebieten lediglich zwei Verkaufsvorgänge etwa seit der Jahrtausendwende noch unterdurchschnittlich wären). Steigende Mieten sind bei diesen Verkäufen stets schon eingepreist und jede*r Käufer*in

4 Vgl. zur Abschaffung der alten Wohnungsgemeinnützigkeit Jan Kuhnert u. Olof Leps, Neue Wohnungsgemeinnützigkeit: Wege zu langfristig preiswertem und zukunftsgerechtem Wohnraum. Wiesbaden 2017, S. 135 ff.; zum Hintergrund: Peter Kramper, Das Ende der Gemeinwirtschaft: Krisen und Skandale gewerkschaftseigener Unternehmen in den 1980er Jahren, in: Archiv für Sozialgeschichte, Jg. 52 (2012), S. 111–138.

5 Vgl. Kuhnert u. Leps; Andrej Holm u. a., Neue Wohnungsgemeinnützigkeit: Voraussetzungen, Modelle und erwartete Effekte, Berlin 2017; Entwurf eines Gesetzes zur neuen Wohngemeinnützigkeit. Bundestags-Drucksache 19/17307, 20.02.2020.

6 Vgl. dazu Halina Wawzyniak, Die Form des Wirtschaftens ändern: Mit dem Sozialstaatsprinzip zu Vergesellschaftungen, in: Prokla, Jg. 50 (2020), H. 2, S. 311–317.

7 Deutsche Wohnen & Co. Enteignen, Beschlusstext, 26.11.2018, ULR: https://www.dwenteignen.de/2018/11/beschlusstext-fuer-unseren-volksentscheid/ [eingesehen am 16.08.2020].

8 Vgl. zu einem so gelagerten Fall z. B. Adrian Garcia-Landa u. Christoph Trautvetter, Wem zahle ich eigentlich Miete? Den finanzialisierten Immobilienmarkt verstehen: Ein Recherchehandbuch für Mieter*Innen. Berlin 2019, S. 17 ff.

folglich ökonomisch gezwungen, sie früher oder später auch durchzusetzen. Auf Grundstücken, die dem Spekulationskarussell von Verkauf und Weiterverkauf ausgesetzt sind, müssen sich Erträge und damit Miethöhen also an finanzwirtschaftlichen Rationalitäten orientieren, die mit der Bewirtschaftung von Wohnraum an sich nur wenig zu tun haben – beziehungsweise: haben sollten.

Für Mieter*innen direkt und scharf spürbare Auswirkungen der Finanzialisierung der Wohnungswirtschaft[9] waren lange Zeit eher ein Spezialthema innerstädtischer Gebiete, wobei die Verdrängung der zunächst betroffenen Bevölkerungsgruppen auch lokal kaum die Wahrnehmungsschwelle einer breiteren Öffentlichkeit erreichte, da jene oft nicht in der Lage waren, Protest wirksam zu artikulieren. Mit der zunehmenden Betroffenheit von Menschen, die ökonomisch wie soziokulturell zur Mittelschicht gerechnet werden können, hat sich dies in den letzten Jahren geändert. Maßgeblich dazu beigetragen hat selbstverständlich der in den meisten Groß- und Universitätsstädten seit den 2000er-Jahren zu verzeichnende starke Bevölkerungsanstieg und der daraus resultierende Wohnraummangel.[10] So gesehen hat sicher nicht unrecht, wer die Notwendigkeit von Neubau betont.[11] Doch das simple Mantra vom *Bauen, Bauen, Bauen* dürfte schal klingen in den Ohren derjenigen, die – mit bescheidenem Einkommen und bisher knapp leistbarer Wohnung auskommend – befürchten müssen, bei der nächsten Mieterhöhung (oder über eine Eigenbedarfskündigung) ihr Zuhause zu verlieren. Dass diese zahlreichen Stadtbewohner*innen den Eindruck gewinnen, der realiter zumeist hochpreisige Neubau richte sich nicht an sie und für den Erhalt sicherer und bezahlbarer Wohnverhältnisse im Bestand würde zu wenig getan, ist nicht überraschend. Somit kann auch nicht verwundern, dass es zu entsprechendem politischen Gegendruck kommt.

In dieser Konstellation schlägt zumindest dem Berliner Mietendeckel die praktisch einhellige Ablehnung fast aller Verbände und Zusammenschlüsse der Wohnungswirtschaft entgegen, auch der genossenschaftlich geprägten. Da die Miete als *Preis* am Ende einer langen Wertschöpfungskette steht, hat eine Regulierung an dieser Stelle wirtschaftspolitisch zweifellos etwas »Unelegantes« – sie gleicht, gemäß einer Fechtsport-Analogie unbekannten Ursprungs, weniger dem Kampf mit dem Florett als dem mit der Bratpfanne.

Auch das Vorhaben einer Vergesellschaftung großer Wohnungskonzerne ist sicher ein grober Keil – wirft aber auch die Frage auf, wie grob der Klotz der Finanzialisierung ist, der sich in Struktur und Agieren dieser Unternehmen niederschlägt. Welche Art von Wohnungswirtschaft verkörpern börsennotierte Firmen wie die Deutsche Wohnen (DW) und Vonovia, die – das

9 Vgl. Susanne Heeg, Finanzialisierung und Responsibilisierung: Zur Vermarktlichung der Stadtentwicklung. In: Barbara Schönig u. a. (Hg.), Wohnraum für alle?! Perspektiven auf Planung, Politik und Architektur, Bielefeld 2017, S. 47–60.

10 Vgl. dazu etwa Harald Simons u. Lukas Weiden, Schwarmstädte in Deutschland: Ursachen und Nachhaltigkeit der neuen Wanderungsmuster. Berlin 2015.

11 Dieser sollte jedoch an den richtigen Orten und zu den richtigen ökonomischen und auch ökologischen Bedingungen erfolgen. Dem entgegen entstehen in Deutschland nach wie vor jährlich zehntausende flächenverschwenderische, Automobilabhängige Einfamilienhäuser, was in Zeiten der Klimakrise als eklatantes politisches Versagen gewertet werden kann.

lässt sich unaufgeregt konstatieren – von den Renditeerwartungen transnationaler Kapitalanlagevehikel wie Blackrock durchdrungen sind? Und ist es angesichts dessen passend, dass diese beiden Unternehmen Mitglieder von Regionalverbänden des ehemaligen Gesamtverbandes der gemeinnützigen Wohnungswirtschaft sind, Seite an Seite mit Genossenschaften? Diese Allianz im Rahmen des Bundesverbandes deutscher Wohnungs- und Immobilienunternehmen (GdW) läuft *de facto* auf die Behauptung hinaus, die Interessen von dem *shareholder value* verpflichteten Konzernen seien mit denjenigen demokratischer Körperschaften der kollektiven Selbsthilfe quasi kongruent. Der politischen Glaubwürdigkeit der Genossenschaftsidee wird damit ein Bärendienst erwiesen.

Die sogenannte »organisierte Wohnungswirtschaft« scheut also bislang eine echte Debatte darüber, welche Geschäftsmodelle gesellschaftlich wünschenswert sind und welche nicht. Dabei könnte gerade eine solche über (angeblich) allzu schlichte Polemiken gegen die konkreten Unternehmen Deutsche Wohnen und Vonovia hinausweisen. Zweifellos gibt es an deren Gebaren im Einzelnen sehr berechtigte Kritikpunkte,[12] doch sind sie schon allein aufgrund ihrer Größe und ihrer Börsennotierung zu einem Mindestmaß an Transparenz und Ansprechbarkeit verpflichtet – im Gegensatz namentlich zu den erwähnten Briefkastenfirmen.[13] In dieser Hinsicht müssten sogar die sich (gerade in der Corona-Krise) gerne als Vermieter mit sozialer Ader gebenden DW- und Vonovia-*CEOs* Michael Zahn und Rolf Buch ein Interesse an einer stärkeren Regulierung haben, die sozusagen gleich lange Spieße schafft.

Interessanterweise hat der Bayerische Verfassungsgerichtshof das dortige Volksbegehren eines *Mietenstopps* (das an sich einen schwächeren regulatorischen Eingriff vorsah als der Berliner Mietendeckel) unter anderem deshalb für unzulässig erklärt, weil die angestrebte Miethöhenregelung nicht in ein »öffentlich-rechtliches Gesamtkonzept« eingebunden sei.[14] Bis zu einem entsprechenden Urteil des Bundesverfassungsgerichtes gleichen die Diskussion darüber, unter welchen Umständen landesrechtliche Regulierungen des Wohnungswesens letztlich zulässig sein könnten, zwar den Blicken in eine Glaskugel – und sie sind überdies insofern müßig, als im Falle einer Verneinung der Landeskompetenz das Tätigwerden des Bundestages allein vom politischen Willen bzw. entsprechenden Mehrheiten abhängig wäre. Dennoch trifft es – auch abgesehen von juristischen Erwägungen – zu, dass eine stärkere Regulierung der Wohnungswirtschaft sich sinnvollerweise nicht in Mietpreisfestlegungen erschöpfen sollte.

Sie müsste vielmehr an erster Stelle den Tatsachen Rechnung tragen, dass die *Wohnungsfrage* immer von der *Bodenfrage* herrührt und dass zwischen

12 Vgl. dazu Knut Unger, Mieterhöhungsmaschinen. Zur Finanzialisierung und Industrialisierung der unternehmerischen Wohnungswirtschaft, in: Prokla, Jg. 48 (2018), H. 2, S. 205–225.

13 Unter diesen finden sich notabene auch Gebilde, die – nach allem, was man trotz ihrer undurchsichtigen Strukturen über sie weiß – selber die Dimensionen von Großkonzernen haben, vgl. etwa zum Fall der Milliardärsfamilie Pears Hendrik Lehmann u. a., Das geheime Imperium, in: tagesspiegel.de, 31.05.2019, URL: https://interaktiv.tagesspiegel.de/lab/das-verdeckte-imperium/ [eingesehen am 16.08.2020].

14 Entscheidung des Bayerischen Verfassungsgerichtshofs über die Vorlage des Bayerischen Staatsministeriums des Innern, für Sport und Integration betreffend den Antrag auf Zulassung des Volksbegehrens »#6 Jahre Mietenstopp«, 16.06.2020, Aktenzeichen Vf. 32-IX-20, S. 35 f., URL: https://www.bayern.verfassungsgerichtshof.de/media/images/bayverfgh/32-ix-20-entscheidung.pdf [eingesehen am 16.08.2020].

den essenziellen Charakteristika des Bodens als nicht vermehrbarer Grundlage jeder menschlichen Aktivität und seiner Betrachtung als handelbarer Ware ein Grundwiderspruch besteht. Folglich müssten Grundstücksgeschäfte, von heutiger Warte aus betrachtet, radikal eingeschränkt werden. Hierbei wäre insbesondere daran zu denken, die zulässigen Verkaufspreise für Grundstücke mit vermieteter Wohnbebauung an den Ist-Mietertrag zu koppeln.[15] Damit könnte der erwähnte ökonomische *Zwang* zur Mieterhöhung nach einem Kauf aufgehoben, die Boden- und Mietpreisspirale wirksam durchbrochen werden.[16]

Weitere Schwerpunkte einer umfassenden und ausgeklügelten Wohnungswirtschaftsgesetzgebung müssten Regelungen zur Transparenz und Zulässigkeit von Eigentumsverhältnissen darstellen: Nach dänischem und schweizerischem Vorbild könnte etwa der Erwerb von Immobilien durch Personen ohne inländischen Wohnsitz (einschließlich Gesellschaften, die mehrheitlich

15 Das Verhältnis zwischen jährlichem Mietertrag und maximalem Preis, bei dem unter gängigen Finanzierungskonditionen eine Bewirtschaftung einschließlich angemessener Eigenkapitalverzinsung bei gleichbleibenden Miethöhen möglich wäre, lässt sich unschwer bestimmen. Ohnehin bestehen mit dem System der Gutachterausschüsse nach dem Baugesetzbuch und der Immobilienwertermittlungsverordnung ausgefeilte Instrumentarien, die problemlos zum Zweck einer besseren Regulierung der Wohnungswirtschaft herangezogen werden könnten – zumal sie historisch auch teilweise als Ausgleich für den Wegfall älterer Regelungen geschaffen wurden; vgl. Entwurf eines Bundesbaugesetzes (Begründung). Bundestags-Drucksache 3/336, 16.04.1958, S. 56 (ich danke Peter Weber für den Hinweis auf diesen Zusammenhang).

16 Da eine solche Regelung lediglich in möglicherweise erwartete Veräußerungserträge eingreifen würde, wäre die verfassungsrechtlich garantierte *Substanz* des Eigentums nicht angetastet; vgl. Weber, S. 1025. Ob solche Vorschriften sich, wie im BGB für einige mietrechtliche Instrumente vorgesehen, auf Gebiete beschränken sollten, in denen »die ausreichende Versorgung der Bevölkerung mit Mietwohnungen zu angemessenen Bedingungen besonders gefährdet ist«, wäre im gesetzgeberischen Prozess zu klären; deutliche Mietsteigerungen voraussetzende Hausverkaufspreise werden aber v. a. dort erzielt. In bescheidenerem Umfang würde auch ein gebietsweises weitgehendes Verbot grundbuchlicher Umwandlung von Miethäusern in Eigentumswohnungen, wie unlängst vom BMI vorgeschlagen, dazu beitragen, die mit Verkäufen verbundene Mieterhöhungs- und Verdrängungsdynamik zu mildern; vgl. Referentenentwurf des BMI – Entwurf eines Gesetzes zur Mobilisierung von Bauland, 09.06.2020, S. 10 f., URL: https://www.bmi.bund.de/SharedDocs/gesetzgebungsverfahren/DE/Downloads/referentenentwuerfe/baulandmobilisierungsgesetz.pdf [eingesehen am 16.08.2020].

von solchen kontrolliert werden) untersagt werden.[17] Zumindest müsste die verpflichtende Offenlegung der tatsächlichen, »wirtschaftlich berechtigten« Eigentümer*innen von Grundstücken und Wohnungen gegenüber Behörden und Mieter*innen endlich wirksam durchgesetzt werden. Damit würde es auch Strukturen des organisierten Verbrechens erschwert, den deutschen Immobiliensektor für Geldwäsche zu nutzen, wie es nach übereinstimmenden Einschätzungen heute in signifikantem Ausmaß der Fall ist.[18] Weitergehende Transparenzvorschriften könnten sich auch auf die eigentliche Wohnraumbewirtschaftung beziehen. Analog zum schon bestehenden Recht von Mieter*innen auf Einsichtnahme in die Betriebskostenbelege könnten vermieterseitige Auskunftspflichten hinsichtlich der Verwendung der Kaltmiete – tatsächliche Verwaltungs-, Instandhaltungs- und Kapitalkosten – geeignet sein, eine sozialverträgliche wohnungswirtschaftliche Praxis zu fördern. Unter diesen Bedingungen käme es aus Mieter*innen-Sicht vorderhand weniger auf Eigentumsverhältnisse großer Wohnungsbestände an – zumal ein Regelwerk nur dann als ausreichend scharf gelten dürfte, wenn es den Dirigent*innen spezialisierter Kapitalanlagevehikel das Interesse am Vermietungsgeschäft in der Bundesrepublik nachhaltig vergällen und dieses (wieder) stärker zu einem soliden Teil der Realwirtschaft machen würde.

Dass eine solche Geschäftspraxis gut leistbar ist und unter diesen Vorzeichen auch keineswegs »die Investoren« fehlen, zeigen die in vielen Großstädten über zehn bis zwanzig Prozent des Wohnungsbestandes verfügenden Genossenschaften[19], bei denen die Mieter*innen *notabene* selbst die Eigner sind. Dank ihnen ist im Wohnungssektor, anders als in vielen anderen Wirtschaftszweigen, ein *de facto* weitgehend gemeinwirtschaftliches Modell[20] nach wie vor auch außerhalb alternativökonomischer Nischen gelebte Realität.[21] Der Verzicht auf Gewinnstreben ist in der genossenschaftlichen Rechtsform insoweit angelegt, als es im Rahmen des Mitgliedergeschäfts schlicht unsinnig wäre, größere Beträge von der Gruppe der Miete Zahlenden zur mit dieser weitgehend deckungsgleichen Gruppe der ggf. am Geschäftsgewinn Beteiligten zu leiten.[22] Die Miethöhen bei Genossenschaften entsprechen deshalb – jedenfalls unternehmensweit – prinzipiell den Instandhaltungs-, Verwaltungs- und Kapitalkosten nebst Rücklagen. Der »Gewinn« der Mitglieder besteht hauptsächlich in ihren eigenen günstigen und sicheren Wohnverhältnissen.

17 Außer auf internationale Vorbilder könnte eine Wohnungswirtschaftsgesetzgebung auch auf verschiedene (modernisierte) Elemente von Regulierungen aus der Zeit der Weimarer Republik und den frühen Jahrzehnten der Bundesrepublik zurückgreifen, wie der rechtshistorische Rückblick zeigt; vgl. Peter Weber, Mehrdimensionalität im Wohnungsrecht, in: Zeitschrift für Miet- und Raumrecht, Jg. 72 (2019), H. 6, S. 398–394.

18 Vgl. Christoph Trautvetter u. Markus Henn, Keine Transparenz trotz Transparenzregister: Ein Recherchebericht zu Anonymität im Berliner Immobilienmarkt. Berlin 2020; Markus Zydra, Strengere Gesetze gegen Geldwäsche, in: sueddeutsche.de, 13.08.2020, URL: https://www.sueddeutsche.de/wirtschaft/neues-geldwaeschegesetz-transparenzregister-1.4997227 [eingesehen am 16.08.2020].

20 Als ein solches sind Genossenschaften, die mindestens 90 Prozent ihrer Einnahmen aus der Wohnraumvermietung an Mitglieder erzielen, durch Befreiung von der Körperschaftssteuer (§ 5 Abs. 1 Nr. 10 KStG) im Prinzip nach wie vor gesetzlich gekennzeichnet, zumal diese Bestimmung auch ein bei Aufhebung der Wohnungsgemeinnützigkeit beibehaltenes »Überbleibsel« darstellt.

19 Vgl. Giulia Montanari u. Karin Wiest, Kommunale und genossenschaftliche Wohnungsbestände in Deutschland, in: Nationalatlas aktuell Jg. 8 (2014), H. 3, o.S.

21 Dabei kommt gerade jenen Modellen, die quantitativ tatsächlich Nischenstatus haben, oft die Rolle von Innovatoren zu; vgl. z. B. zum außerhalb der Rechtsform der eingetragenen Genossenschaft (eG) eine genossenschaftliche Form implementierenden *Mietshäuser Syndikat* Ivo Balmer u. Tobias Bernet, Selbstverwaltet bezahlbar wohnen? Potentiale und Herausforderungen genossenschaftlicher Wohnprojekte, in: Schönig u. a. (Hg.), S. 259–279, hier 263 f.

22 Vgl. Antonio Fici, An Introduction to Cooperative Law. In: Ders. u. a. (Hg.), International Handbook of Cooperative Law, Berlin, 2013, S. 3–62, hier S. 39 ff.

Viele Wohnungsgenossenschaften schütten daher keine Dividende aus; bei denen, die es tun, beläuft sich diese in aller Regel auf höchstens vier Prozent der ursprünglich gezeichneten Anteilssumme jährlich. Dies entspricht dem zulässigen Höchstwert gemäß dem früheren Wohnungsgemeinnützigkeitsgesetz; der erwähnte Entwurf eines Neuen Wohngemeinnützigkeitsgesetzes der Grünen-Bundestagsfraktion sieht dreieinhalb Prozent vor. Diese Werte mögen in der aktuellen Niedrigzinsphase vergleichsweise hoch erscheinen, werden jedoch im langfristigen Mittel zumeist als angemessener Risikoausgleich angesehen. Dabei gilt: So wie die Begriffe »Verzinsung«, »Rendite« oder »Profit« Bedeutungsnuancen enthalten, sind auch die damit bezeichneten Werte bei unterschiedlichen Unternehmen bzw. Anlageformen nicht ohne Weiteres vergleichbar. Im Immobiliensektor besteht ein Hauptunterschied darin, dass etwa *Private-Equity-Fonds* neben den eigentlichen Mieterträgen maßgeblich auch die Erhöhung der Buchwerte ihrer Anlagen in ihre Renditen buchen – und dabei durchaus zweistellige Werte anstreben. Dieses Modell hängt wesentlich von der Annahme ab, dass Wertsteigerungen theoretisch jederzeit auch realisiert, Wohnungen also verkauft werden können.[23]

Das genossenschaftliche Prinzip der *Gewinnbeschränkung* wird somit vor allem in Verbindung mit demjenigen der *Vermögensbindung* wirksam.[24] Um noch einmal auf das Bild der beiden nebeneinander stehenden Häuser zurückzukommen: Was es der Genossenschaft ermöglicht, eine deutlich günstigere Miete anzusetzen als dem binnen zwanzig Jahren dritten Eigentümer nebenan (selbst wenn dieser ansonsten ähnlich kalkulieren würde), ist vor allem die auf den *Gebrauchswert* von Wohnraum gerichtete und auf *Dauerhaftigkeit* angelegte Zweckbestimmung ihres Geschäftsbetriebs: Genossenschaften verkaufen einmal gebauten oder erworbenen Wohnraum in aller Regel nicht wieder[25]. Diese weitgehende *Dekommodifizierung* genossenschaftlichen Wohnraums[26] erlaubt es, die letztlich artifiziellen Kosten des durch keine Arbeitskraft hergestellten Gutes Boden (und, zumindest bis zu einer umfassenden Sanierung, auch einen Großteil der ursprünglichen Baukosten) nach einigen Jahrzehnten aus der Mietenkalkulation zu tilgen. Diese mit dem Ausstieg aus dem Spekulations- und Wiederverkaufskarussell einhergehenden Tilgungseffekte sind langfristig äußerst wirkmächtig – und eindrücklich. So sind in den vergangenen Jahren immer wieder Medienberichte erschienen, die quasi das Motiv der beiden unterschiedlich teuren Häuser

23 Vgl. dazu demnächst die Studie zu verschiedenen Eigentümergruppen in Berlin von Christoph Trautvetter, dem ich für die frühzeitige Einsichtnahme darin und entsprechende Hinweise zu Renditemodellen u. ä. danke.

24 Zur Übersicht über Merkmale bzw. Bindungen der gemeinnützigen Wohnungswirtschaft aus verschiedenen Epochen und europäischen Ländern vgl. Kuhnert u. Leps, S. 57 ff., 375 ff. Die Frage der Vermögensbindung illustriert, weshalb zwischen genossenschaftlichen und kapitalanlageorientierten Modellen das in Deutschland bedeutende Segment der privaten Vermieter*innen im Rahmen dieses Beitrags randständig bleibt: Privateigentümer*innen verkaufen ein Miethaus weniger nach institutionellen, denn individuellen Logiken. Auch mögen Privatvermieter*innen bisweilen faire Anbieter*innen sein; das Segment als solches kann jedoch nicht *per se* als mieter*innenfreundlich betrachtet werden. Sicherlich ist jedoch das Potential der individuellen Eigentumsbildung für Haushalte mit geringen oder durchschnittlichen Einkommen von der oben geschilderten Problematik der überhöhten Grundstückspreise mitbetroffen.

25 Eine Ausnahme besteht bei reinen *Baugenossenschaften*, bei denen der Übergang der zu bauenden Wohnungen in Individualeigentum von Anfang an vorgesehen ist. Auch zu Verkäufen aufgrund wirtschaftlicher Schwierigkeiten von Genossenschaften ist es schon gekommen. Einen besonderen Fall stellen die Veräußerungen dar, zu denen ostdeutsche Genossenschaften nach der Wiedervereinigung im Zusammenhang mit der sogenannten Altschuldenhilfe verpflichtet wurden; teilweise wurde diese zulässigerweise durch die Ausgründung neuer Genossenschaften erfüllt.

26 Vgl. Sebastian Schipper, Wohnraum dem Markt entziehen? Wohnungspolitik und städtische soziale Bewegungen in Frankfurt und Tel Aviv, Wiesbaden 2017, S. 116 f.

enthalten. In geradezu verwundertem Tonfall wird darin über für die jeweiligen Städte ungewöhnlich niedrige Mieten bei verschiedenen Genossenschaften berichtet.[27]

Angesichts dieser bewährten Praxis mag es verständlich erscheinen, wenn Genossenschaftsvorstände nicht nur öffentlich-rechtliche Miethöhenregelungen ablehnen, sondern auch wenig Lust zeigen, für eine etwaige neue gesetzliche Wohnungsgemeinnützigkeit zu optieren.[28] Ihre Skepsis artikuliert sich meist nach dem Motto: Wir agieren doch ohnehin schon so, was sollen wir mit zusätzlichen Regeln von außen?

Dies verweist auf das grundlegende Spannungsverhältnis zwischen einer strikten Rückbindung genossenschaftlicher Ökonomie an das Konzept des *Mitgliedernutzens* und einer notwendigerweise über den Kreis der jeweiligen Bestandsmitglieder hinausweisenden Gemeinwohlorientierung. So stellt sich etwa die Frage, ob die nicht zuletzt dem EU-Beihilfenrecht geschuldeten, im aktuellen Wohngemeinnützigkeits-Gesetzesentwurf der Grünen vorgesehenen Einkommensgrenzen bzw. Ausnahmen davon für die Zusammensetzung der Mieter*innenschaft bestehender Genossenschaften großzügig genug wären. Dabei muss nicht als ausgemacht gelten, dass ein nennenswerter Anteil von Bewohner*innen mit höheren Einkommen einer sozialen Zielsetzung abträglich ist, zumal genossenschaftliche Solidarität ja gerade darin besteht, dass Mitglieder mit unterschiedlich hoher finanzieller Beteiligung eine Vereinigung bilden, bei der, anders als bei Kapitalgesellschaften, die Stimmrechte sich nicht nach der Anteilshöhe, sondern nach dem demokratischen Prinzip *eine Person – eine Stimme* bemessen. So gesehen könnte ein strikt als »Sozialsektor« definierter und damit tendenziell *top-down*-dirigierter gemeinnütziger Wohnungsbau die öffentliche Hand letztlich mehr kosten als einer, der das Genossenschaftsmodell auf angemessene Weise einbezieht.[29]

Umgekehrt müssen sich die deutschen Wohnungsgenossenschaften fragen lassen, ob sie sich genügend darum bemühen, Mitgliedernutzen und Gemeinwohl auf eigenen, von öffentlicher Regulierung und Finanzierung unabhängigen Wegen, zusammenzubringen.[30] Dass vor allem die Bestandsmitglieder von nicht oder nur langsam wachsenden Genossenschaften – dank der erwähnten Entschuldungseffekte – in den Genuss von zunehmend günstigen Mieten kommen und genossenschaftliche Wohnungswirtschaft deswegen ohne ambitionierte, idealerweise unternehmensübergreifende Expansionsstrategien dazu tendiert, in die Sackgasse eines geschlossenen Clubs zu laufen, wird schon seit Jahrzehnten problematisiert.[31] Erstaunlich erscheint beispielsweise, dass die großen Genossenschaften in Berlin sich nicht an der Übernahme von durch kommunale Vorkaufsrechte in Erhaltungssatzungsgebieten erworbenen

27 Vgl. bspw. Ludger Fittkau, Günstig Wohnen auch in Großstädten, in: deutschlandfunkkultur.de, 19.02.2019, URL: https://www.deutschlandfunkkultur.de/wohnungsgenossenschaften-guenstig-wohnen-auch-in.976.de.html?dram:article_id=441453; Ralf Hutter, Berlin-Friedrichshain: Wohnungsgenossenschaft senkt Mieten, in: deutschlandfunk.de, 03.05.2019, URL: https://www.deutschlandfunk.de/berlin-friedrichshain-wohnungsgenossenschaft-senkt-mieten.1769.de.html?dram:article_id=447822 [beide eingesehen am 16.08.2020].

28 Dass die mit einem gemeinnützigen Status einerseits einhergehenden Steuererleichterungen keine ausreichende Verbesserung der Geschäftsgrundlage darzustellen scheinen, um die andererseits auferlegten Beschränkungen annehmbar erscheinen zu lassen, ließe sich auch als Hinweis darauf lesen, dass grundsätzlich die Besteuerung der (nicht-gemeinnützigen) Wohnungswirtschaft intensiviert werden müsste.

29 Vgl. zur Kritik am Szenario eines »Armenhaussektors« bereits Klaus Novy, Eine Zukunft für gemeinnützige Träger. Anmerkungen zur Reform des Wohnungsgemeinnützigkeitsrechts, in: Arch+ Nr. 74 (1984), S. 17–24, hier 17.

30 Vgl. zur »freigemeinwirtschaftlichen« Ausrichtung von Genossenschaften Werner Wilhelm Engelhardt, Allgemeine Ideengeschichte des Genossenschaftswesens. Einführung in die Genossenschafts- und Kooperationslehre auf geschichtlicher Basis, Darmstadt 1985, S. 44 ff.

31 Vgl. etwa Klaus Novy, Anmerkungen zum Verhältnis von Trägerformen und Finanzierungsalternativen, in: Arch+, Jg. 25 (1982), H. 61, S. 52–53; Johnston Birchall, The International Co-operative Movement. Manchester 1997, S. 214.

Miethäusern beteiligen und dieses – in der Auseinandersetzung mit einigen der mieter*innenfeindlichsten Marktakteure – symbolisch wichtige Feld bisher den landeseigenen Wohnungsbaugesellschaften überlassen (oder, wie zuletzt, einer von betroffenen Mieter*innen neu gegründeten Genossenschaft mit aufgrund der hohen Kaufpreise von Anfang an »auf Kante genähten« Kalkulationen[32]). In München ist demgegenüber seit 2005 im Auftrag von mittlerweile 32 Genossenschaften und anderen gemeinwohlorientierten Wohnungsunternehmen die Genossenschaftliche Immobilienagentur GIMA tätig.[33]

Umfangreichere inter-genossenschaftliche Finanzierungsinstrumente gibt es in der Schweiz[34], einem grundsätzlich keineswegs weniger marktwirtschaftlich orientierten Land als die Bundesrepublik, in dem jedoch die Wohnungsgenossenschaften in eigenen Verbänden organisiert sind, sich deutlicher von den profitorientierten Anbietern abgrenzen und demgemäß politisch oft Seite an Seite mit den Mieter*innenverbänden agieren.[35] In Deutschland bleibt es demgegenüber weitgehend kleineren Genossenschaften und ihren Zusammenschlüssen überlassen, die kollektive Selbsthilfe offensiv als Alternative zum marktförmigen Vermietungsgeschäft zu vertreten. Diese Konstellation besteht in ihren Grundzügen schon, seit es in den 1980er-Jahren, zunächst aus Protestbewegungen gegen Altbauabriss hervorgehend, zu den ersten Neugründungen »junger« Wohnungsgenossenschaften kam. Ob sich die großen Genossenschaften in der aktuellen Wohnungskrise zu einem politischen Richtungswechsel bewegen lassen, wird womöglich auch davon abhängen, ob die erstarkte Mieter*innenbewegung[36] entsprechende Bündnisse nachdrücklich einfordert. Dazu müsste Letztere ihrerseits die Phase eines überwiegend defensiv-fordernden »Konsument*innen-Protests« teilweise hinter sich lassen und sich noch stärker als bisher der trockenen Materie der wohnungswirtschaftlichen Anbieterseite zuwenden.[37]

32 Vgl. Nicolas Šustr, Ritt auf der Rasierklinge. Die Genossenschaft »Diese eG« muss ohne Finanzpuffer operieren, in: neues-deutschland.de, 11.08.2019, URL: https://www.neues-deutschland.de/artikel/1124157.diese-eg-ritt-auf-der-rasierklinge.html [eingesehen am 16.08.2020]

33 In Berlin wird bezeichnenderweise eine Adaption dieses Konzepts gefordert, vgl. Ralf Schönball, Marktschreier gegen den Markt, in: Der Tagesspiegel, 16.07.2020.

34 Vgl. Julie Lawson, The Transformation of Social Housing Provision in Switzerland Mediated by Federalism, Direct Democracy and the Urban/Rural Divide, in: European Journal of Housing Policy, Jg. 9 (2009), H. 1, S. 45–67.

35 Ein solches Bündnis hat etwa in Basel 2018 gleich vier Volksentscheide für stärkere Mieterschutzgesetze durchgesetzt.

36 Vgl. Dieter Rink u. Lisa Vollmer, »Mietenwahnsinn stoppen!« Netzwerke und Mobilisierungen der Mieter*innenbewegung in deutschen Großstädten, in: Forschungsjournal Soziale Bewegungen, Jg. 32 (2019), H. 3, S. 337–349.

37 »Die längerfristige Durchsetzung einer Wohnungspolitik, die die Grundbedürfnisse des Wohnens vor die Wirtschaftsinteressen der Immobilienverwertung stellt, wird wesentlich davon abhängen, ob es gelingt das Dreieck von Politik, Verwaltung und Zivilgesellschaft um gemeinwirtschaftliche Partner aus der Wohnungswirtschaft zu erweitern«, so mit Bezug auf Berlin Andrej Holm, Berlin. Mehr Licht als Schatten– Wohnungspolitik unter Rot-Rot-Grün. In: Dieter Rink u. Björn Egner (Hg.), Lokale Wohnungspolitik: Beispiele aus deutschen Städten, Baden-Baden 2020, S. 43–64, hier 61.

Tobias Bernet, geboren 1985 in Zürich, studierte Ethnologie und Geschichte mit einem Schwerpunkt auf Stadtforschung, befasst sich wissenschaftlich sowie praktisch mit Wohnungspolitik und Wohnungswirtschaft. Er ist unter anderem Mitgründer und Vorstand der SoWo Leipzig eG (Solidarische Wohnungsgenossenschaft) und Vorstand von wohnbund e. V. – Verband zur Förderung wohnpolitischer Initiativen, und arbeitet an einer Dissertation zur Geschichte des genossenschaftlichen Wohnens in der Bundesrepublik.

PERSPEKTIVEN

WENN KRÄNKELNDE DEMOKRATIEN UNBEHANDELT BLEIBEN

ÜBER SPÄTFOLGEN IN POLEN

Ξ Alicja Polakiewicz

Am 10. Mai fanden in Polen Präsidentschaftswahlen statt, ohne dass ein einziger Stimmzettel abgegeben wurde. In den vorangegangenen Wochen war viel darüber spekuliert worden, wie und wann gewählt werden würde. Am Ende aber sah niemand voraus, was letztlich passieren sollte: Die Wahlen fanden zwar statt, rein formal betrachtet, doch waren weder Wahllokale geöffnet, noch wurden Stimmzettel per Post verschickt. Es war eine kuriose Situation, in der sich die Pol*innen zurecht fragten, ob sie gerade kollektiv ihres Wahlrechts beraubt worden seien. Noch ist unklar, wie dieses Phänomen zu bewerten ist. Eines allerdings steht fest: Das Chaos kennt Sieger und sie heißen Jarosław Kaczyński und PiS (Prawo i *Sprawiedliwość*, Recht und Gerechtigkeit).

Wie es scheint, ist PiS nicht nur alles zuzutrauen; die Partei kommt auch mit jedem noch so bizarren Vorhaben durch. Sie kann die Rechtsstaatlichkeit untergraben, sie kann europäische Institutionen ignorieren, sie kann Wahlen durchführen, die keine sind. Doch wie konnte es dazu kommen, dass PiS Polen so sehr im Griff hat?

VON TATSÄCHLICHEN KOMPLOTTEN UND SOLCHEN, DIE ES SEIN KÖNNTEN

Die Machtkonsolidierung der PiS begann mit der Katastrophe von Smoleńsk. Am 10. April 2010 stürzte ein Flugzeug vom Typ TU-154 über den Wäldern von Russland ab. Alle Passagiere kamen dabei ums Leben – unter ihnen sowohl der damalige polnische Präsident Lech Kaczyński als auch Dutzende militärische und politische Führungspersönlichkeiten Polens. Die Delegation war unterwegs, um zum 70. Jahrestag des Katyń-Massakers den Opfern (auch hier handelte es sich um polnische Eliten, allerdings in einer Größenordnung von Zehntausenden) zu gedenken, die wenige Kilometer entfernt während des Zweiten Weltkriegs von Mitgliedern des sowjetischen Geheimdienstes NKWD ermordet worden waren.

Jahrzehntelang wurde die Schuld an dem Katyń-Massaker den deutschen Besatzern zugeschrieben – ein Narrativ, das nach dem Krieg auch von den westlichen Mächten übernommen wurde, höchstwahrscheinlich wider besseres Wissen. Zunächst, um das fragile Bündnis mit der Sowjetunion nicht auf die Probe zu stellen; später, um in den unsicheren Zeiten des Kalten Kriegs nicht unnötig zu provozieren.[1] Erst 2005 schloss die russische Staatsanwaltschaft ihre Ermittlungen ab und bestätigte den von den Sowjets begangenen Mord an circa 1.800 Pol*innen (zum Vergleich: gängige Schätzungen gehen von bis zu 25.000 Opfern aus).

2010 sollte dann erstmalig ein Mitglied der russischen Staatsführung in Anwesenheit des polnischen Präsidenten an der Gedenkfeier teilnehmen. Ein Moment, auf den viele Pol*innen jahrzehntelang gewartet hatten. Ebenfalls 2010 deklassifizierte Russland Teile der Katyń-Akten und überreichte sie Polen – allerdings erst im Mai, nachdem zuvor im April abermals die polnische Elite ihren Tod in den Wäldern um Katyń gefunden hatte.

SMOLEŃSK ALS WEGBEREITER: DIE TRAGÖDIE NACH DER TRAGÖDIE

Fünf Jahre später ging PiS als deutlicher Sieger aus den damaligen Parlamentswahlen hervor – ein Erfolg, der auch durch Smoleńsk ermöglicht wurde. Das mag vielleicht verwundern – 2015 waren nicht die ersten Wahlen nach der Katastrophe; noch im Sommer 2010 verlor Jarosław Kaczyński, Zwillingsbruder des in Smoleńsk verstorbenen Präsidenten Lech Kaczyński, die Präsidentschaftswahlen gegen den Kandidaten der PO (Platforma Obywatelska, Bürgerliche Platform), Bronisław Komorowski. Auch 2011 gewann PO die Parlamentswahl mit deutlichem Abstand zu PiS. In den frühen 2010er Jahren war Smoleńsk noch eine Tragödie – zu dem Politikum, das es heute ist, wurde es erst durch die fortgesetzte Instrumentalisierung des Absturzes durch PiS im Dienste ihrer eigenen parteipolitischen Agenda.

Bei den Präsidentschaftswahlen von 2010 hatte die Katastrophe vor allem einen Effekt auf Wähler*innen, die schon zuvor PiS unterstützt hatten. PO-Wähler*innen wechselten zwar nicht das politische Lager, dafür aber gelang eine weitgehende Mobilisierung der PiS-Anhänger*innen.[2] Das spiegelte sich auch in den Resultaten wider: Auch wenn Jarsoław Kaczyński die Wahl schlussendlich verlor, erhielt er über eine Million Stimmen mehr als seine Partei PiS bei ihrem damals besten Wahlergebnis 2007.

Während Kaczyński sich im Rahmen der Präsidentschaftswahlen noch relativ gemäßigt gezeigt hatte, rückte er das Image seiner Partei im darauffolgenden Herbst in eine neue Richtung. PiS ging in die Offensive, wurde

1 Milena Sterio, Katyn Forest Massacre. Of Genocide, State Lies, and Secrecy, in: Case Western Reserve Journal of International Law, Jg. 44 (2012), H. 3, S. 620–622.

2 Mikołaj Cześnik, In the Shadow of the Smolensk Catastrophe. The 2010 Presidential Election in Poland, in: East European Politics and Societies and Cultures, Jg. 28 (2014), H. 3, S. 518–539, hier S. 535.

aggressiver. Ihr Hauptthema dabei: Smoleńsk und vor allem der aus ihrer Sicht falsche Umgang der amtierenden Regierung mit den Untersuchungen zu der Katastrophe. Damals wurden die Flugunfalluntersuchungen ausgerechnet vom Zwischenstaatlichen Luftfahrtkomitee, einer von Russland dominierten Organisation der ehemaligen und aktuellen GUS-Staaten, geleitet. Hätte Europa sich an der Aufklärung der Umstände beteiligt, zum Beispiel in Form eines Expert*innen-Teams, dann wäre es PiS nicht so leichtgefallen, eigene und oft krude Theorien zu verbreiten. So aber wurde Donald Tusk, dem PO-Parteiführer, und seiner Partei von PiS vorgeworfen, sich zu unterwürfig gegenüber Russland zu verhalten. Verwiesen wurde darauf, dass Tusk bereits einige Tage vor dem Absturz von TU-154, dem Flug des Präsidenten Lech Kaczyński nach Katyń mithin zuvorkommend, den Opfern des Massakers gedacht hatte – in Anwesenheit des russischen Präsidenten Vladimir Putin. Unter anderem in dieser Tatsache sahen einige PiS-Sympathisant*innen einen Beweis für Tusks vermeintliche Mittäterschaft.

Durch Smoleńsk und die daran anschließende Kampagne von PiS wurde das politische Spektrum in Polen neu aufgestellt.[3] Während zuvor die Spaltung im Land primär entlang der Frage verlief, wie mit der kommunistischen Vergangenheit umzugehen sei, dominiert seither eine neue Frage den politischen Diskurs: Wie verhält sich Polen gegenüber seinen Nachbarn, der EU auf der einen Seite und Russland auf der anderen? PiS gelang es, die neue (alte) Frage nach der Selbständigkeit Polens und seiner (Un-)Abhängigkeit von fremden Mächten in den Mittelpunkt zu stellen und sich selbst als diejenige politische Kraft zu inszenieren, die stolz für die Souveränität steht.

Warum der Imagewechsel von PiS erst 2015 und noch nicht 2011 zum Wahlerfolg führte, lässt sich nicht abschließend bestimmen. Entscheidend dafür sind neben der erst allmählich Durchschlagskraft entfaltenden und die allgemeinen Wahrnehmungen prägenden Smoleńsk-Kampagne wahrscheinlich Faktoren jenseits dieser Katastrophe. Im Wahlkampf 2011 profilierte sich PiS als eine mit dem Status quo brechende Partei – zu einem Zeitpunkt, als die allermeisten Pol*innen mit den bestehenden Verhältnissen zufrieden waren, nachdem ihr Land in den vorangegangenen zwei Legislaturperioden und infolge des EU-Beitritts einen anhaltenden wirtschaftlichen Aufschwung erlebt hatte. Auch schaffte das Land es 2008 als einziges in der Europäischen Union, einer Rezession infolge der Weltwirtschaftskrise zu entgehen. Im Wahlkampf 2015 hatten sich verglichen damit die Vorzeichen der politisch-gesellschaftlichen Rahmenbedingungen umgekehrt: Nicht zuletzt die sogenannte »Flüchtlingskrise« dürfte den Ausschlag dafür gegeben haben, dass die Anti-EU-Rhetorik der PiS nun Anklang fand.

3 Jacek Sokołowski, The 2011 Elections in Poland. Defining a New Cleavage, in: Representation. Journal of Representative Democracy, Jg. 48 (2012), H. 4, S. 461–473, hier S. 472.

AUTOKRATISIERUNG MIT DEMOKRATISCHEM MANDAT

Seit diesem Wahlerfolg ist die EU-Skepsis der PiS zum unabdingbaren Kern ihrer selbst geworden. Der Umgang mit Kritik seitens der EU ist hierfür ein instruktives Beispiel: Präsident Duda und Parteiführer Kaczyński reagieren im besten Fall mit Gleichgültigkeit; im schlimmsten Fall instrumentalisieren sie jegliche Einwände und befeuern das von ihnen gezeichnete Feindbild EU.

Wozu das führen und welche Probleme dies zeitigen kann, das zeigt das Beispiel der jüngsten polnischen Justizreformen. Im Sommer 2019 urteilte der Europäische Gerichtshof (EuGH), dass ein Teil der Justizreformen europarechtswidrig sei. Konkret handelte es sich um ein Gesetz das polnische Oberste Gericht betreffend, mit welchem PiS eine Disziplinarkammer einrichtete und das Renteneintrittsalter der Richter*innen herabsetzte. Über zwanzig oberste Richter*innen sahen sich schlagartig in Zwangsrente versetzt und räumten Posten, die umgehend neu und politisch genehm besetzt wurden. Nachdem das Urteil gesprochen worden war, nahmen die zuvor abgesetzten Richter*innen – rechtmäßig – ihre Arbeit wieder auf. Präsident Duda aber beklagte die »Anarchie der Judikative«[4] und etablierte und legitimierte damit den Vorrang nationaler über europäische Gesetze. Das jüngste Urteil des deutschen Bundesverfassungsgerichts zum Anleihenkaufprogramm der EZB, mit dem sich das deutsche Gericht gegen den EuGH stellte, wird Duda in Zukunft eine willkommene Stütze für diese Argumentationslinie sein. Bereits zuvor zeigten er und die Regierung sich wenig beeindruckt von dem EuGH-Urteil. Sie leiteten keinerlei Schritte ein, um die Disziplinarkammer

4 Jakub Kościerzyński (Hg,), Justice under pressure– repressions as a means of attempting to take control over the judiciaryand the prosecution in Poland. Years 2015–2019, URL: https://www.iustitia.pl/images/pliki/raport2020/Raport_EN.pdf [eingesehen am 04.10.2020].

zu suspendieren, wie es das Urteil verlangen würde. Gleichzeitig und darüber hinaus sind viele Richter*innen mittlerweile so eingeschüchtert, dass sie oftmals nicht einmal mehr den Versuch unternehmen, EU-Gesetze und -Urteile umzusetzen.

SCHRÖDINGERS WAHLEN

Dass die Übernahme der Judikative durch die Exekutive eine Gefahr für die Demokratie darstellt, ist unbestreitbar. In Polen selbst hat die Übergriffigkeit der PiS schon lange konkrete Folgen: Richter*innen verlieren Posten, Medien ihre Unabhängigkeit. Doch nie war sichtbarer als in diesen Tagen, welch absolutistische Züge die Macht von PiS angenommen hat. Die Präsidentschaftswahlen, die keine waren, sind hierfür das beste Beispiel.

Die Wahlen fanden statt, und wiederum auch nicht – verschoben, wie es in zahlreichen Nachrichtenberichten hieß, wurden sie aber keineswegs. Inmitten des von PiS angerichteten Chaos ist es verständlich, dass es zu Fehldeutungen und Falschdarstellungen kam. Denn die Raffinesse des Paktes zwischen Jarosław Kacyzński und Jarosław Gowin, den führenden Köpfen der Regierungskoalition der Vereinten Rechten im Sejm, bestand eben darin, die Wahlen formal stattfinden zu lassen. Da aber weder Wahllokale geöffnet noch Stimmzettel per Post verschickt wurden, hat das Oberste Gericht die Wahlen für nichtig erklärt und den Weg für Neuwahlen geebnet. Womit Kaczyński zwei Fliegen mit einer Klappe geschlagen hat: Sein Ziel, Präsidentschaftswahlen durchzuführen, bevor die absehbare Rezession die Gewinnchancen des amtierenden Präsidenten verringert, hat er erreicht – auch wenn die Wahlen einige Monate verspätet stattfanden.

Gleichzeitig wahrte Kaczyński aber zumindest scheinbar sein Gesicht und schenkte den Kritiker*innen Gehör. Und Kritik hat es zuletzt viel gegeben – national wie international. Im Vorfeld der Wahlen wurden unfaire Wahlkampfbedingungen angeprangert und die Sicherung der Wahlen sowie der Zugang zu ihnen in Frage gestellt. Auch wurde auf die Verfassungswidrigkeit des Vorhabens hingewiesen.

In Anbetracht der Tatsache, dass nicht gewählt wurde, verlieren die ersten beiden Einwände an Brisanz. Der letzte aber bleibt bestehen: Das Gesetz, auf das sich die formalen Wahlen am 10. Mai stützten und das am 7. Mai im Sejm verabschiedet worden ist, bricht mit der Verfassung – ob die Pol*innen an jenem Sonntag im Mai ein Kreuzchen setzten oder nicht. Diese Tatsache ist weder trivial, noch ist sie ein wirklicher Wendepunkt. Vielmehr handelt es sich hierbei um ein Symptom, hervorgerufen durch eine Regierung, welche die Rechtsstaatlichkeit seit ihrer Machtergreifung mit den Füßen tritt.

Am 12. Juli fanden die Neuwahlen statt. Doch entgegen den Erwartungen vieler ist Duda nicht direkt im ersten Wahlgang siegreich aus ihnen hervorgegangen. Er verpasste die dafür nötigen 50 Prozent der abgegebenen Stimmen knapp. Im zweiten Wahlgang gewann Duda mit nur 51,03 Prozent der Stimmen, während der Gegenkandidat der PO ein Ergebnis von 48,97 Prozent erreichte. Dass es sich bei der zweiten Runde um ein so enges Kopf-an-Kopf-Rennen handelte, ist mitunter auch damit zu begründen, dass die Wahlen vom 10. Mai eben nicht verschoben worden waren, sondern formal stattgefunden hatten. Nur so war es PO möglich, einen neuen, wesentlich beliebteren Kandidaten, Rafał Trzaskowski, aufzustellen, der mit seinem zwar recht konservativen, aber immerhin eindeutig pro-europäischen Auftritt deutlich mehr Wähler*innen mobilisierte als die zuvor aufgestellte Małgorzata Kidawa-Błońska.

VERFASSUNGSWIDRIG? KEIN PROBLEM.

2006 entschied der polnische Verfassungsgerichtshof, dass Änderungen im Wahlrecht mindestens sechs Monate vor der Wahl verabschiedet werden müssen, um konform zu sein mit Artikel 2 der polnischen Verfassung, welcher besagt, dass Polen ein demokratischer Rechtsstaat ist. In Ausnahmefällen kann diese Frist unterschritten werden, aber nur dann, wenn sich die im Sejm vertretenen Parteien einig sind, dass eine Änderung zwingend notwendig ist. Mit Ausnahme der Regierungskoalition, welche aus PiS, angeführt von Jarosław Kaczyński, und Porozumienie (Verständigung), angeführt von Jarosław Gowin, besteht, wurde die vorgeschlagene Änderung aber vehement abgelehnt. Das am 7. Mai verabschiedete Gesetz ist folglich verfassungswidrig – darüber herrscht relative Einigkeit. Eine wirkliche Rolle scheint dieser Umstand aber nicht zu spielen. Warum?

In Polen entscheidet das Oberste Gericht in letzter Instanz darüber, ob Wahlen nichtig oder legitim sind. Auch hier erweist sich der Einfluss von PiS auf die Gerichte als äußerst praktisch für die Partei. Am 30. April endete die Amtszeit der Präsidentin des Obersten Gerichts, Małgorzata Gersdorf. Diese weigerte sich, die Generalversammlung einzuberufen, welche ihre Nachfolge bestimmen sollte. Zwar begründete sie dies mit den Risiken der COVID-19-Pandemie (für die Abstimmung müssten die Richter*innen persönlich anwesend sein), vorstellbar ist aber auch ein politisches Motiv für ihr Handeln: Gersdorf gilt als eine der schärfsten Kritikerinnen von PiS. Insbesondere an dem neuen und umstrittenen Auswahlverfahren für ihre Nachfolge, welches PiS mit einer Gesetzesänderung 2017 einführte, dürfte sie keinen Gefallen gefunden haben.

Präsident Duda ließ sich durch diese Verweigerungshaltung allerdings nicht entmutigen. Er ernannte kurzerhand selbst einen »Übergangspräsidenten« des Verfassungsgerichtshofs. Das Oberste Gericht bewertete die Wahl so, wie PiS es wollte: nichtig im Mai, gültig im Sommer. Von Justizunabhängigkeit kann in Polen aktuell keine Rede sein und fraglich ist auch, inwiefern diese Entwicklungen durch Einwirkungen von außen rückgängig gemacht werden können.

WENIG HANDLUNGSSPIELRAUM DER EU, VIEL POTENZIAL AUS DER ZIVILGESELLSCHAFT

In der Vergangenheit zeigten Zwangsgelder, die zum Beispiel im Kontext der Abholzung von Białowieża, einem Urwald in Polen, verhängt wurden, wiederholt ihre Wirkung. Da die EU zwar Zwangsgelder verhängen, diese im Zweifelsfall aber nicht eintreiben kann, hängt der Erfolg solcher Maßnahmen jedoch maßgeblich davon ab, ob Polen die Autorität der EU anerkennt. Es ist keineswegs gesichert, dass dies weiterhin der Fall sein wird: Als Reaktion auf die Kritik der sogenannten Venedig-Kommission an Rechtsstaatlichkeitsverletzungen sagte Präsident Duda im Januar, man würde sich nicht in Fremdsprachen aufzwingen lassen, wie das System in Polen auszusehen hat. Er fügte hinzu: »Hier ist die Europäische Union, ja! [...] Aber vor allem ist hier Polen!«[5]

Andere Möglichkeiten, zum Beispiel Drohungen, Polens Stimmrecht im Rat der Europäischen Union im Rahmen von Artikel 7 des Vertrags über die Europäische Union zu suspendieren, haben ebenfalls geringe Erfolgsaussichten: Artikel 7 erfordert, dass die Mitgliedsstaaten einstimmig feststellen, dass eine »schwerwiegende und anhaltende Verletzung« des Artikel 2 – welcher die Werte der Europäischen Union, einschließlich der Rechtsstaatlichkeit, aufzählt – vorliegt. Erst dann kann über eine Stimmrechtssuspendierung abgestimmt werden. Insbesondere Ungarn wird einer Stimmrechtssuspendierung Polens aber nicht zustimmen, womit die erforderliche Einstimmigkeit kaum erreichbar sein dürfte.

Eine weitere viel diskutierte Option ist jene, EU-Gelder nur dann an Mitgliedsstaaten auszuzahlen, wenn diese die Rechtsstaatlichkeit gewährleisten. Manche sehen darin das einzig effektive Instrument. Andere wiederum bezweifeln dessen Wirksamkeit, da Mittelstreichungen keinen direkten Bezug zur Rechtstaatlichkeit besäßen. Nicht von der Hand zu weisen ist aber, dass Polen von den Zahlungen bisher stark profitiert hat. Der Unmut über die fehlenden Gelder könnte sich auf zwei mögliche Weisen entladen: Er könnte sich gegen PiS richten (welche durch ihr Handeln die Streichung provoziert

5 Jakub Oworuszko, Prezydent Andrzej Duda w Zwoleniu: Nie będą nam w obcych językach narzucali, jaki ustrój mamy mieć w Polsce, in: Polska Times online, 18.01.2020, URL: https://polskatimes.pl/prezydent-andrzej-duda-w-zwoleniu-nie-beda-nam-w-obcych-jezykach-narzucali-jaki-ustroj-mamy-miec-w-polsce-wideo/ar/c1-14723016 [eingesehen am 10.08.2020].

hat); oder aber – und das wäre fatal – gegen die EU selbst (welche die Gelder im Endeffekt gestrichen hat).

Die EU befindet sich also in der misslichen Lage, dass ihre Vorstöße womöglich widersinnig sind, ihr Nichtstun in Anbetracht PiS'scher Rechtstaatlichkeitsverletzungen aber fahrlässig wäre. Im Endeffekt ist dies ein Problem, das nur von innen heraus gelöst werden kann. Bisher wird der Anti-EU-Rhetorik von PiS wenig entgegengesetzt – hier liegt die Verantwortung auch bei der EU selbst. Sie muss sich stärker profilieren, Öffentlichkeits- und Aufklärungsarbeit in ihren Mitgliedsstaaten leisten, um endlich ein kräftigeres europäisches Bewusstsein zu schaffen. In der Folge würde es PiS nicht mehr so leichtfallen, den vermeintlichen Kontrast zwischen »nationaler Souveränität« und »Abhängigkeit von der EU« zu zeichnen. Schließlich sind die Pol*innen nicht EU-Bürger*innen, obwohl sie Pol*innen sind, sondern gerade weil sie es sind.

Bis ein solcher Bewusstseinswandel allerdings Erfolg hat, muss der rasanten Autokratisierung etwas anderes entgegengesetzt werden: die Stimmen der Pol*innen. Die Wahlerfolge von PiS dürfen nicht darüber hinwegtäuschen, dass die Partei keineswegs vollends als Regierungspartei etabliert ist. Polens Demokratie ist vergleichsweise jung – das spiegelt sich auch darin wider, dass Wähler*innenpräferenzen flüchtiger sind, als es in älteren demokratischen Systemen in Westeuropa zumindest jahrzehntelang der Fall war. In den Wahlen vom 12. Juli wurde das deutlich: Mit einer Wähler*innenbeteiligung von über 68 Prozent nahmen für polnische Verhältnisse nicht nur sehr viele Menschen teil, auch entschieden sich unerwartet viele der Wähler*innen trotz Manipulationsversuchen seitens PiS für den Kandidaten der PO. Auch wenn sich die ausländische – und auch die deutsche – Berichterstattung oftmals auf die dubiosen Handlungen der Regierung konzentriert, besitzt Polen doch eine pluralistische und lebendige Zivilgesellschaft. Progressive, pro-europäische und feministische Gruppierungen werden nicht müde, ihre Stimme zu erheben. Für die kränkelnde Demokratie Polens verbindet sich mit ihnen die Hoffnung auf Remedur.

Alicja Polakiewicz war Research Assistant am Global Public Policy Institute in Berlin, wo sie als Redakteurin für den PeaceLab Blog im Bereich Peace and Security und im Bereich Human Rights and Democracy arbeitete. Inzwischen studiert sie Criminal Law and Criminal Justice an der School of Law der University of Edinburgh. Sie absolvierte ihren Bachelor an der Sciences Po Paris und am Yale-NUS College in Singapur. Ihre Interessensschwerpunkte liegen im Bereich der internationalen Strafjustiz, vor allem mit Bezug auf Post-Konflikt-Gesellschaften.

SCHÖPFERISCHE ZERSTÖRUNG DES LIBERALEN EUROPA?

AUSWIRKUNGEN DER CORONA-KRISE AUF GESELLSCHAFT, POLITIK UND UNION

Ξ Andreas Kalina

Die Corona-Pandemie hat die politischen Systeme nicht nur der Demokratien Europas schlagartig in eine Ausnahmesituation versetzt: Verordnungen, die Grund- und Freiheitsrechte einschränken, werden scheinbar im Akkord verabschiedet. Politische Entscheidungen werden im schnellen und verkürzten Verfahren im Parlament oder sogar an den Parlamenten vorbei »durchgepeitscht«. Ihre Grundlage ist weniger der offene, pluralistische Wettbewerb um die beste Lösung als vielmehr der Rat von ausgewählten Experten. Auch in der Außenwahrnehmung schlägt mehr denn je die Stunde der Exekutiven: Regierungschefs und Minister der sogenannten Corona-Kabinette dominieren die mediale Berichterstattung, dies auf Kosten der Fraktionsspitzen, der Vertreter der Opposition und vor allem der Zivilgesellschaft, deren Stimme auch angesichts der eingeschränkten Versammlungsfreiheit schnell verhallt.

All dies mag zwar funktional geboten und in der Ausnahmesituation auch berechtigt erscheinen. Denn schnelle Entscheidungen sind Kernpunkte eines jeden Krisenmanagements, soll es Früchte tragen. Doch verstärkt die heutige Situation bedenkliche Entwicklungen, die wir in Ansätzen schon weit vor der Corona-Krise beobachten konnten, die jetzt aber eine neue Intensität und damit Dringlichkeit erfahren: Gemeint sind die schleichende Entparlamentarisierung, eine Entpolitisierung des vorpolitischen Raums und insgesamt ein antipluralistisches Moment, insoweit Meinungsvielfalt, Kontroversität und ein offener politischer Wettbewerb beeinträchtigt sind bzw. als unerwünscht angesehen werden.

EINE NICHT ENDEN WOLLENDE STUNDE DER EXEKUTIVEN?

Auch wenn sich diese Entwicklungen in Europa von Land zu Land unterschiedlich stark abzeichnen, sind sie in ihrer Grundtendenz vergleichbar: Sie führen dazu, dass die Grundpfeiler der liberalen Demokratie wackeln. Entscheidend wird sein, inwiefern es sich hierbei um ein vorübergehendes

Phänomen handelt. Ob und in welchem Ausmaß mit der Aufkündigung des Ausnahmezustands, mit der Lockerung der Beschränkungen und mit der Rückkehr zur Alltagspolitik diese Tendenzen und ihre Begleiteffekte korrigiert werden.

In formeller Hinsicht ist zwar mit der Wiederbelebung eingeübter demokratischer Willensbildungsprozesse, mit der Reaktivierung der *Checks and Balances* und mit der Wiederherstellung der Freiheits- und Grundrechte zu rechnen. Die Beharrungskräfte dürften stark genug sein, das Fortdauern des Rechtsstaats zu garantieren. Das trifft jedenfalls auf Deutschland zu – nicht zwingend auf jeden Staat insbesondere in Mittelosteuropa, wo einzelne Regierungen unter dem Deckmantel der Pandemiebekämpfung demokratische und rechtsstaatliche Standards (weiter) aushöhlen.

Faktisch allerdings dürfte das Zusammenspiel von politischer Ordnung und Gesellschaft einem grundlegenden Wandel unterliegen. Der postpandemische Normalzustand nicht der Status quo ante sein: nicht in unseren Gesellschaften, nicht in Deutschland, nicht in den anderen europäischen Staaten und nicht in der Europäischen Union.

CORONA UND DIE LANGFRISTIGEN AUSWIRKUNGEN AUF DIE POLITISCHE ORDNUNG: DIE RENAISSANCE DES STAATES ALS LETZTER INSTANZ

Weshalb ist Skepsis in Bezug auf eine Rückkehr zum Status quo ante angeraten? Das »Betriebssystem« unserer Demokratie läuft seit Jahren nicht rund: Spätestens seit den Herausforderungen der Krisen des neuen Jahrtausends – insbesondere der Finanz- und Staatsschuldenkrise, der Eurokrise und der sogenannten Migrationskrise – merken wir in Europa, dass das Prinzip der liberalen, repräsentativen Demokratie in die Defensive geraten ist. Zuerst war dies eine Feststellung, die sich mit Blick auf Mittelosteuropa aufgedrängt hat, wo schon seit den friedlichen Revolutionen 1989/90 und der nachfolgenden Systemtransformationen zusehends ein demokratisches Dilemma ersichtlich geworden war.

Auf der einen Seite steht die liberale Konzeption der demokratischen Ordnung, die im Sinne Immanuel Kants vorrangig auf individuelle Freiheiten, auf Eigenverantwortung und Vernunft und auf die Wettbewerbssituation von vielfältigen Positionen setzt. Diese Konzeption ist die Grundlage der »Hardware« der politischen Systeme, sprich: ihrer Verfassungsordnung. Auf der anderen Seite stehen relevante gesellschaftliche Erwartungen, die eher zum kollektiv-orientierten national-konservativen Staatsideal neigen: Nicht so sehr die Individuen, sondern die Gemeinschaft gilt als Grundpfeiler von

Gesellschaft und Politik. Entsprechend basiert diese Idealvorstellung von Demokratie – ähnlich wie im Denken von Carl Schmitt – vornehmlich auf dem Prinzip der Homogenität nach innen und der Abgrenzung nach außen.

In den Erwartungshaltungen an den Staat überwiegt die Gewährleistung von Schutz und Sicherheit und erst dann diejenige von Freiheitsrechten. Was sich hier abzeichnet, ist ein illiberales Demokratieverständnis, welches Eingang in die politische Rhetorik gefunden hat. In Mittelosteuropa wird dieser Deutungskampf bereits über eine Dekade lang offen ausgefochten – mit substanziellen Folgen für die jeweiligen politischen Systeme. Man denke etwa an Polen, wo Richtern verboten werden soll, zu politischen Fragen Stellung zu beziehen, und insgesamt die Unabhängigkeit der Justiz zurückgefahren wird; oder an Ungarn, wo die Kontrolle der Regierenden über die Medien, Justiz und akademischen Einrichtungen massiv ausgeweitet wird. Aber auch Europas Westen ist vor diesem Dilemma nicht gefeit, wofür nicht zuletzt die steigende Anfälligkeit für (rechts-)populistische Parolen und nationalistische Glaubenssätze als deutliches Signal steht.

DAS CARL-SCHMITT-MOMENT DER PANDEMIE

Die Corona-Pandemie verschärft den Zwiespalt und ruft zugleich in West und Ost ein neues Carl-Schmitt-Moment hervor – sowohl was die Erwartungshaltungen der Bürger als auch die Routinen und Politikgestaltung der Entscheidungsträger anbelangt. Das liberale Demokratieverständnis mit seinem Freiheitsdenken und der Präferenz für Großräumigkeit, für grenzüberschreitende Mobilität und freie Märkte wirkt angesichts der wahrgenommenen Gefährdungslage verunsichernd und wird in Frage gestellt: Eine politische Ordnung, die vorrangig Rahmenbedingungen für einen möglichst freien, pluralistischen Wettbewerb bereitstellt, erscheint als unzureichend.

Stattdessen wachsen die Schutzerwartungen an den Staat, der für die Gemeinschaft eintreten möge und sie vor auswärtigen Gefahrenlagen abschirmen und bewahren solle. Dafür nimmt man ein paternalistisches und dem Einzelnen gegenüber durchsetzungsstarkes Handeln politischer Entscheidungsträger in Kauf: Der Schutzzweck legitimiert die Mittel.

Vor diesem Hintergrund bietet die Ausnahmesituation der Corona-Pandemie ein Gelegenheitsfenster für eine Annäherung der »Betriebssysteme« an die veränderten bzw. sich verändernden Erwartungshaltungen. So verführen die Notstandsregelungen und die der Krise geschuldete inhaltliche Fokussierung auf die staatliche Schutzfunktion unsere Demokratien zu einer beispiellosen Volte zum Staatsideal Schmitt'scher Prägung. Diese Wendung ist durch ihre Bindung an die verfassungsrechtlich eng umrissenen

Notstandssituationen zwar temporär angelegt. Doch ist berechtigter Zweifel anzumelden, ob die nachfolgende Wiederherstellung des demokratischen Normalzustands einer vollständigen Rückkehr zur liberalen Verfassungsrealität der Vor-Corona-Zeiten gleichkommen wird.

Denn erstens stellt sich – auf institutioneller Ebene – die Frage, inwieweit nach der Beendigung des formellen Notstands mit seinen Sondervollmachten und Freiheitseinschränkungen einzelne organisatorische, gesetzliche und womöglich verfassungsrechtliche Stellschrauben nachjustiert werden bzw. bleiben – etwa unter dem Vorwand, die Handlungsfähigkeit des Staates (etwa für den Fall weiterer Pandemiewellen) aufrechtzuerhalten. Als krasse Beispiele erinnere man die Entscheidungen und Gesetzesvorhaben in manchem Staat Mittelosteuropas, wo die Corona-Bekämpfung als Deckmantel für Reformen genutzt wird, die unter normalen Umständen auf entschiedenen Widerstand von Opposition und Zivilgesellschaft gestoßen wären.

Zweitens begründen – auf inhaltlicher Ebene – die Maßnahmen der Pandemie-Bekämpfung neue Pfadabhängigkeiten, die über den eigentlichen Ausnahmezustand fortwirken werden: Jede politische Entscheidung schafft neue Realitäten, die Grundlage weiteren Handelns sind. Und je wesentlicher die Entscheidung, umso größer und anhaltender ihre Nachwirkungen.

Und drittens führt – auf Verhaltensebene – jede Ausnahmesituation zu Veränderungen und Neubewertungen von Deutungsmustern, von politischer Akzentsetzung und von Routinen, die ebenfalls über den externen Schock hinaus fortwirken. All diese Mechanismen legen einen anhaltenden Wandel nahe, der durchaus in einem schleichenden Paradigmenwechsel des demokratischen Regierens resultieren kann.

DIE EROSION DER LIBERALEN SUBSTANZ WESTLICHER DEMOKRATIEN – EINE SCHÖPFERISCHE ZERSTÖRUNG?

Mit Blick auf die europäischen Demokratien könnte dadurch ein Phänomen eintreten, das Joseph A. Schumpeter als »schöpferische Zerstörung« beschrieben hat. Ursprünglich auf ökonomische Abläufe gemünzt, war Schumpeter überzeugt, dass Zerstörung für einen innovativen Prozess unabdingbar sei: Alte, unbefriedigende Strukturen müssten von innen heraus verdrängt und schließlich zerstört werden, um Raum für eine zukunftsgerichtete Neuordnung zu schaffen. Vor allem Krisen und exogene Schocks würden hierfür einen besonders fruchtbaren Boden bereiten.

Insofern könnte die Corona-Krise mit ihren allumfassenden Auswirkungen ein Momentum für eine solche »schöpferischen Zerstörung« herbeiführen – nicht nur im Hinblick auf das Schulwesen (Stichwort Digitalisierung), auf den

Gesundheitssektor (Stichwort qualitative Grundversorgung vor Gewinninteressen) oder auf die Arbeitsorganisation (Stichwort Homeoffice), sondern auch bezüglich des »Betriebssystems« der liberalen politischen Ordnung insgesamt. So markiert die heutige Situation eine deutliche Abkehr von einem Staatsverständnis, nach dem vorrangig den Märkten und dem Wettbewerb die Selbstregulierung und -steuerung nicht nur des Wirtschafts- und Finanzsystems, sondern in Ansätzen auch der gesellschaftlichen Zusammenhänge anvertraut wurde. Stattdessen erscheint und geriert sich der wiedererstarkte Staat mit seiner Bürokratie als die letzte Instanz.

Wo sich aber ein starker, effizienter und gut funktionierender Staat bei der Pandemiebekämpfung als unabdingbar erweist, birgt er mittelfristig Risiken hinsichtlich der Wahrung der Freiheitsrechte des Einzelnen und hinsichtlich des Pluralismus, eines der entscheidenden Strukturmerkmale unserer (westlichen) Demokratien. Ob sich die vermeintliche »Zerstörung« letztlich als schöpferisch erweisen wird und nicht alleine um ihrer selbst willen geschieht, ist aus heutiger Sicht fraglich. Fürs Schöpferische bedürfte es bei der Neuordnung der Verhältnisse zum einen stringenter kreativer Konzepte, zum anderen bräuchte es Entscheidungsträger, die nicht zuvörderst auf ihren Machterhalt oder -ausbau fokussiert sind, sondern die bei ihrem Handeln vorrangig einem moralischen Kompass folgen und das Gemeinwohl im Blick haben. Beides scheint nicht in jedem Mitgliedstaat der Union gewährleistet zu sein.

Die »Zerstörung« der liberalen Substanz ist freilich nicht nur auf die Überforderung der markt- und wettbewerbsbasierten Demokratien bei der Lösung der gegenwärtigen Herausforderungen zurückzuführen. In nicht minderem Maße ist sie einem Versagen der Europäischen Union geschuldet. Da vonseiten der Union lange weder effektive Führung noch relevante Impulse für ein koordiniertes Vorgehen der Mitgliedstaaten wahrnehmbar waren, ergingen sich viele Staaten bei der Einschränkung der Freiheits- und Grundrechte und bei der Ergreifung restriktiver Maßnahmen geradezu in einem Überbietungswettbewerb.

Eine EU, die zum einen gemeinsame Wege vorausdachte, zum anderen bei Verstößen gegen den Grundgedanken der europäischen Einigung – vor allem gegen die Prinzipien der Werte-, der Rechts- und der Solidargemeinschaft – Umkehr anmahnte oder spürbare Sanktionen verhängte, war (und ist) Fehlanzeige. Indem dieses notwendige europäische Korrektiv ausblieb, beförderte der Corona-Virus europäisch einen neuen Nationalismus, begleitet von wachsenden Autoritätstendenzen und einem steigenden Europaskeptizismus, sowohl bei den politischen Entscheidungsträgern wie auch in den Bevölkerungen.

CORONA UND DIE LANGFRISTIGEN AUSWIRKUNGEN AUF DIE GESELLSCHAFTEN: KOMMUNITARISTISCHE WENDE UND NEUE POLARISIERUNG

Auch auf gesellschaftlicher Ebene erweist sich das durch die Corona-Krise hervorgerufene Carl-Schmitt-Moment als Angelpunkt grundlegender Veränderungen. Insbesondere in Mittelosteuropa zeichnet sich angesichts des fortwirkenden postkommunistischen Erbes eine neue Koketterie mit dem starken Staat ab: Es werden Bestände der politischen Kultur reaktiviert, die auf Obrigkeitshörigkeit und dem Rückzug aus dem Politischen fußen – gleichsam nach dem Motto: »Der Staat wird das schon richtigmachen. Hauptsache, für meine Sicherheit ist gesorgt.« Bei allen bestehenden Vorbehalten gegenüber Freiheitsbeschränkungen wird dieser Impuls mittelfristig nachwirken und die soziokulturelle Spaltung der Gesellschaften in Ost und West verschärfen.

Denn über die letzten Dekaden hat sich infolge von Globalisierung, Europäisierung und Denationalisierung der Lebens- und Arbeitszusammenhänge eine neue gesellschaftliche Konfliktlinie herauskristallisiert, die das klassische soziopolitische Spektrum zwischen links und rechts zunehmend überlagert: Auf deren einer Seite steht das Lager liberal-kosmopolitischer Europäer, welche in offenen Grenzen, Mobilität und Freihandel sowie im Kulturaustausch ein hohes Gut sehen und für Integration eintreten. Ihnen gegenüber steht das kommunitaristisch-nationalistische Lager, das die soziale Frage mit der nationalen verbindet und damit die Forderung einer klaren Grenzziehung in den Vordergrund stellt – in Bezug auf Staatsgrenzen, auf gesellschaftliche und ethnische Grenzen sowie auf Kompetenzgrenzen.

Die neue Relevanz dieser gesellschaftlichen Konfliktlinie haben die Ergebnisse der jüngsten Wahlen – seien es nationale Wahlen, seien es Europawahlen – unterstrichen, als Parteien und Bewegungen an den jeweiligen Enden dieses Kontinuums überdurchschnittlichen Zulauf verbucht haben: Der liberal-kosmopolitische Pol konnte besonders gut von Grünen und Postmaterialisten adressiert werden; der kommunitaristische wiederum von national-konservativen bis populistischen Gruppierungen.

NEUER NÄHRBODEN FÜR POPULISMUS

Die Corona-Pandemie wird diese Entwicklung nicht nur verstetigen, sondern weiter radikalisieren. So ist anzunehmen, dass der Zuspruch der kommunitaristisch-nationalistischen Lebens- und Staatsentwürfe wachsen wird. Durch diese Akzentverschiebung steigt die Verführbarkeit durch populistische Parolen. Denn in der nachwirkenden Krisensituation können sich Populisten leicht der Bedrohungswahrnehmungen und des Misstrauens in der Bevölkerung bedienen und den liberalen Kosmopolitismus als Gefahr für das gesundheitliche Wohlergehen, den Wohlstand und die nationale Einheit konstruieren. Unter den Bedingungen der gegenwärtigen Unsicherheit können sie umso einfacher den Anspruch erheben, die vermeintlich klar bestimmbaren Interessen des »wahren Volkes« zu vertreten – gegenüber den »fehlgeleiteten Kosmopoliten« und den »unfähigen und korrupten Eliten«, die für diese Malaise verantwortlich seien.

Umgekehrt können die Populisten leichter denn je mit nationalistischen Bezugspunkten als scheinbarer Antwort auf die aus den Fugen geratene Welt punkten. Mit einem derart beflügelten Alleinvertretungsanspruch seitens der Populisten wächst das antipluralistische Momentum – auf Kosten der Toleranz gegenüber anderslautenden Positionen. Zugleich aber bedeutet die neue Konjunktur kommunitaristischer Denkmuster nicht, dass die Fürsprecher liberal-kosmopolitischer Gesellschaftsentwürfe von ihren Idealen Abstand nähmen. Mehr noch: Da Wertekonflikte – anders als der Streit um Interessen – unteilbar und damit scheinbar unauflösbar sind, werden die Gegensätze nicht nur bleiben, sondern sich weiter verschärfen. Bei Glaubenssätzen gibt es nämlich keine Kompromisse.

Und da im gleichen Maße auch die Rhetorik eine Emotionalisierung erfährt, wird der Raum für einen vernunftgeleiteten gesellschaftlichen Diskurs und damit Ausgleich immer mehr beschnitten. Letzterer ist aber eine unabdingbare Voraussetzung für den gesellschaftlichen Zusammenhalt und damit auch für eine Sozialstaatlichkeit, auf die es bei der Bewältigung der langfristigen sozialen, wirtschaftlichen und finanziellen Auswirkungen der Pandemie besonders ankommen wird. Mithin befördert Corona einen grundlegenden gesellschaftlichen Wandel, ohne dass dieser die Voraussetzungen für die Bewältigung der Krise verbessern würde, eher im Gegenteil. Auch hier scheint die Revolution sprichwörtlich ihre Kinder zu fressen.

CORONA UND DAS DOPPELTE ENDE DER GESCHICHTE

Der US-amerikanische Politikwissenschaftler Francis Fukuyama hat mit Blick auf die friedlichen Revolutionen 1989/90 in Mittelosteuropa vom »Ende der Geschichte« gesprochen: Mit dem Scheitern totalitärer Herrschaft hätten sich Grundrechte, Rechtsstaatlichkeit und Marktwirtschaft als universelle Ordnungsprinzipien durchgesetzt und als ihre Garanten markierten liberale Demokratien das Endstadium der Evolution politischer Systeme. Mit den Erosionserscheinungen von Demokratien westlicher Prägung nach der Jahrtausendwende, mit aufkommendem Populismus und Nationalismus, mit den autoritären Wenden von Scheindemokratien – man denke etwa an die

Türkei oder Russland – und dem Aufstieg des chinesischen Überwachungsstaates zur Weltmacht wurde diese These zunehmend in Frage gestellt. Die Pandemie und ihre Auswirkungen lassen nun endgültig vermuten, dass der verkündete Siegeszug des Liberalismus lediglich eine Übergangsphase gewesen ist, deren Ausklingen wir heute erleben: Das »Ende der Geschichte« ist seinerseits an seinem Ende angelangt, ein neues schöpferisches Momentum zugleich nicht in Sicht.

Die Corona-Krise kennzeichnet aber nicht alleine eine Zäsur in der Evolution von Demokratie und politischer Kultur auf nationalstaatlicher Ebene. Mit noch eklatanteren Brüchen ist im Hinblick auf den europäischen Integrationsprozess im Allgemeinen und auf die Europäische Union im Besonderen zu rechnen. Die Legitimationskrise der EU, die während der Finanz- und Staatsschuldenkrise und der sogenannten Migrationskrise ihre vorläufigen Höhepunkte erreicht hatte, erfährt durch die Pandemie eine neue Dimension: Noch nie stand das Projekt Europa derart auf der Kippe – weil heute kulminierende ideelle Vorbehalte mit konkret erfahrbaren Enttäuschungen zusammenkommen.

Zuerst steht der europäischen Idee ganz grundsätzlich die kommunitaristische Wende entgegen: Das liberale Projekt einer Europäischen Union, die das freiheitliche Ideal hochhält und auf dem Gedanken der Offenheit der Grenzen, des Binnenmarktes und des Kulturaustauschs fußt, kollidiert heute mit den Erwartungshaltungen von immer größeren Bevölkerungsteilen. Die Werte, für die die Union einsteht, werden mehr denn je hinterfragt. Hinzu kommt, dass die EU im Rahmen der Corona-Krise eine eher unrühmliche Rolle spielt.

Allenthalben sind enttäuschte Erwartungen der Bürger vernehmbar – angesichts einer nicht wahrnehmbaren Führung, institutioneller Schwächen und insgesamt eines offenbaren Handlungsversagens: Weder vermag die Union ein glaubhaftes Krisenmanagement zur Eindämmung der Pandemie an den Tag zu legen, noch zeigt sie sich mit Blick auf die bedenklichen Entwicklungen in manchen ihrer Mitgliedstaaten in der Lage oder überhaupt gewillt, ihre grundlegenden Werte entschieden zu verteidigen und ihre Einhaltung einzufordern. Es schwingt zunehmend die Frage im Raum: Wann soll sich die EU bewähren, wenn nicht gerade jetzt? Das bisherige Integrationsparadigma jedenfalls scheint erschöpft.

ENTSEELUNG DER EUROPAIDEE

Besonders illustrativ lässt sich die Entseelung der Europaidee an den Staaten Mittelosteuropas verdeutlichen. So waren die Umbrüche 1989/90 und die ersten Jahre der Systemtransformation – ganz im Sinne Fukuyamas – von dem Slogan »Zurück nach Europa« beflügelt. Dieser Leitspruch enthielt alles, was den Integrationsprozess (auch in Europas Westen) getragen hat: erstens das Ideal der liberalen, repräsentativen Demokratie als der freiheitlichen Entgegensetzung zu den totalitären Regimen – und die Union als Garantin dieses Ideals; zweitens den Abbau der Grenzen, der die künstliche Spaltung Europas nach dem Zweiten Weltkrieg rückgängig macht; und drittens das ökonomische Versprechen, durch Marktwirtschaft und Binnenmarkt den Wohlstand und die Sicherheit gesamtgesellschaftlich zu steigern.

Alle drei Hoffnungen scheinen heute mehr oder minder verpufft zu sein. Nicht nur in den neuen Mitgliedstaaten wird mit dem liberalen Demokratiemodell zusehends gehadert und im gleichen Maße mit illiberalen Demokratiekonzepten geliebäugelt. Der weiträumige Ansatz mit offenen Grenzen scheint für viele mehr Probleme zu verursachen, als er Chancen birgt. Mehr noch: Aus der Eurokrise sind offene Brüche zwischen Nord und Süd geblieben und die überwunden geglaubte Spaltung zwischen Ost und West hat durch die sogenannte Migrationskrise neue Brisanz erfahren.

Schließlich haben sich die mit dem EU-Binnenmarkt und der Güter- und Personenfreizügigkeit verheißenen positiven ökonomischen Effekte nicht so schnell, umfassend und fair eingestellt wie erhofft und propagiert. Vielmehr kommen seit der Jahrtausendwende infolge des demografischen Wandels und der genannten Krisen mitsamt ihrer Bewältigungsversuche neue Ungerechtigkeiten und soziale Verwerfungen auf, die sich u. a. mit der voranschreitenden Digitalisierung weiter zuspitzen werden. Europa taugt heute nicht mehr als der Sehnsuchtsort, der er mal gewesen ist.

Die Corona-Krise stellt hier die finale Zäsur dar, weil sie in einer als existenziell empfundenen Ausnahmesituation schichtübergreifend und europaweit allen Beteiligten – egal auch welcher politischen Couleur und unabhängig vom Grad des politischen Interesses – die Diskrepanzen und scheinbaren Unzulänglichkeiten des europäischen Integrationsprojektes mit aller Deutlichkeit vor Augen führt. Sie rüttelt an seinen normativen Grundfesten und stellt zugleich seine Errungenschaften stellt: das Konzept der offenen Grenzen und Freizügigkeit, die Idee des Freihandels mit seinen grenzüberschreitenden Produktions- und Lieferketten und das Versprechen ökonomischen Wohlstands und sozialer Sicherheit, dies nicht zuletzt in Zeiten globaler Ungewissheiten und Unsicherheiten.

Hat sich aber damit die Idee Europa als solche erübrigt? Ich finde mitnichten. Für relevante, wenn auch coronabedingt schrumpfende Teile der Bevölkerung in allen Mitgliedstaaten bleibt die Europäische Union ein Ankerpunkt: sei es aus normativer Überzeugung, sei es aus der pragmatisch motivierten

Einsicht, dass globalen Herausforderungen – vom Klimawandel bis zur Eindämmung von Pandemien – auch künftig nur in einem grenzüberschreitenden Konsens effektiv beizukommen sein wird. Und hier gilt, dass die EU trotz all ihrer Defizite immer noch und bei Weitem das wirksamste und demokratischste Steuerungsregime jenseits des Nationalstaates ist.

Diese Einsicht, wenn auch nicht mit Begeisterungsstürmen für die Union verbunden, wird nach der der Rückkehr in eine (neue) Normalität in Post-Corona-Zeiten auch wieder in Teilen des größer gewordenen kommunitaristischen Lagers verfangen – angesichts der skizzierten pragmatischen Zusammenhänge.

CORONA ALS CHANCE FÜR EINEN NEUSTART DES INTEGRATIONSPROZESSES

Nicht zuletzt ist die Corona-Krise auch eine Chance für die Neubelebung des europäischen Integrationsprozesses. Denn sie lässt auf eine grausame, aber auch allumfassende Weise die wechselseitigen Abhängigkeiten in einer hochverdichteten Weltgesellschaft bewusst werden. Zugleich scheint die Einsicht in die Notwendigkeit und mit ihr die Bereitschaft zur transnationalen Verteilung von Krisenlasten ungleich größer als zu Zeiten der Eurokrise. Man denke an die länderübergreifende Hilfe bei der Versorgung von Intensivpatienten, an den Austausch von knappem Schutzmaterial, aber auch an die nüchterner und zielorientierter geführte Debatte um gemeinsame Schuldtitel im Rahmen des europäischen Wiederaufbaufonds.

All dies sind Anzeichen einer europäischen Solidargemeinschaft, wie sie während der Staatsverschuldungs-, Euro- und Migrationskrise noch nicht zu vernehmen waren. Umso mehr gilt es heute, diesen Keimling mit sinnvollen europäischen Maßnahmen zu pflegen – ohne ihn überzustrapazieren. Die Chance von Corona liegt mithin darin, dass auch den ehemals »Uneinsichtigen« die Schicksalhaftigkeit der europäischen Gemeinschaft verdeutlicht wird, die es gemeinsam neu zu denken, zu gestalten und zu verfestigen gilt.

Insofern dürfte eine vorrangige Aufgabe sein, eine ehrliche Debatte über die nötigen Änderungen und Weichenstellungen des europäischen Integrationsprozesses zu initiieren und zu moderieren. Davon wird abhängen, ob die »Zerstörung« des Nachkriegsprojektes Europa letztlich schöpferisch sein wird. Nicht mehr und nicht weniger.

AUSNAHMEZUSTAND MIT AUSWIRKUNGEN AUF DEN NORMALZUSTAND

Das bisher Gesagte resümierend ist es nicht von der Hand zu weisen, dass die Corona-Pandemie mit den durch sie provozierten Maßnahmen, revidierten Erwartungshaltungen und Deutungsmustern eine »schöpferische Zerstörung« der liberalen Besitzstände in den Nationalstaaten wie auch in der Union insgesamt auslösen könnte. Das bedeutet auch, dass der postpandemische Normalzustand nur bedingt dem Status quo ante entsprechen wird.

Auf der gesellschaftlichen Ebene hat die Corona-Krise das Potenzial, die kommunitaristische Wende zu beflügeln und damit die Präferenz für überschaubare Gemeinschaften gegenüber liberalen, universalistischen Idealen und Konzepten zu verankern. Auf der staatlichen Ebene ist damit zusammenhängend mit der Renaissance eines »Nationalstaates, der schützt« zu rechnen – durchaus einhergehend mit einer neuen Anfälligkeit für Populismus und Autoritarismus. Und auf der europäischen Ebene zeichnet sich ein Paradigmenwechsel ab, der sowohl die normativen Grundlagen als auch die bisherigen Errungenschaften der Integration unterminiert. Gleichwohl wird die Einsicht in die Notwendigkeit einer grenzüberschreitenden Bearbeitung gemeinsamer Herausforderungen auch künftig Integrationsmomente bereitstellen.

Für Joseph Schumpeter war, wie gesagt, die »schöpferische Zerstörung« keinesfalls eine negative Erscheinung, sondern die Grundlage für ökonomische Innovation und Wettbewerbsfähigkeit schlechthin. Es bleibt zu hoffen, dass dem Phänomen auch in gesellschaftlichen und politischen Zusammenhängen etwas Positives abzugewinnen sein wird.

Dr. Andreas Kalina, geb. 1980, ist Dozent an der Akademie für Politische Bildung in Tutzing. Er leitet dort die Arbeitsgebiete »Politischer und gesellschaftlicher Wandel« und »Europäische Integration«. Daneben ist er Lehrbeauftragter am Jean-Monnet-Lehrstuhl für Europäische Politik der Universität Passau.

DIE SPD UND IHRE ORTSVEREINE

NOSTALGISCHE ORGANISATIONSFORM ODER ZUKUNFTSFÄHIGER TRANSMISSIONSRIEMEN?

Ξ Klaus Wettig

Zunächst, in ihren frühesten Anfängen, organisierten sich die Gründungsparteien der Sozialdemokratie – der Allgemeine Deutsche Arbeiterverein (ADAV) und die Sozialdemokratische Arbeiterpartei Deutschlands (SDAP) – über Stützpunkte und wenige Ortsvereine. Auch nach dem Zusammenschluss von 1875 zur Sozialistischen Arbeiterpartei Deutschlands (SAPD) wuchs die gemeinsame Partei bis zum Verbot durch das Sozialistengesetz 1878 nur langsam.

VOM WERDEN EINER ORGANISATION

In den folgenden zwölf Verbotsjahren blieb es bis 1890 bei Stützpunkten und Vertrauensleuten, die mühsam die Partei am Leben hielten. Sie nutzten das Reichstagswahlgesetz, das zur jeweiligen Reichstagswahl die Gründung von Wahlvereinen erlaubte, was den Sozialdemokraten nicht untersagt wurde. Eine begrenzte sozialdemokratische Wahlwerbung war also möglich, die Stimmenanteile wuchsen und trotz zahlreicher Diskriminierungen erhöhten sich die Reichstagsmandate.

Als im Jahr 1890 Reichskanzler Bismarck die Verlängerung des Sozialistengesetzes misslang, startete die bis dahin verbotene Partei mithin nicht bei null. Auf ihrem Parteitag in Halle taufte sie sich Sozialdemokratische Partei Deutschlands und begann, gesteuert von der jetzt in Berlin eingerichteten Parteizentrale, mit dem systematischen Parteiaufbau, der jetzt gestützt auf Ortsvereine in jedem Reichstagswahlkreis eine Parteiorganisation schuf. Die Ortsvereine wurden in Wahlvereinen für die Reichstagswahlkreise zusammengeschlossen.

Später entstanden Unterbezirke, die feste Sekretariate hatten, jedoch außerhalb der sozialdemokratischen Zentren aus finanziellen Gründen mehrere Reichstagswahlkreise umfassen konnten. Auf der Ebene der Provinzen oder Regierungsbezirke bildeten sich Parteibezirke. Auf Landesverbände verzichtete die junge Partei, da die Landespolitik aufgrund des Klassenwahlrechts in den Ländern nicht im Zentrum ihrer Politik stand. Nur in den süddeutschen Ländern engagierte sich die SPD auch landespolitisch.

 INDES, 2020-2, S. 116–126, © Vandenhoeck & Ruprecht GmbH & Co. KG, Göttingen, 2020, ISSN 2191-995X

Unterstützt wurde die Parteientwicklung durch Zeitungsgründungen und den gezielten Bau von Partei- bzw. Volkshäusern, was der Partei zusätzlich Ausstrahlung und Stabilität verlieh. Ein entwickeltes Beitragssystem förderte den Aufstieg, da der Finanzausgleich zum Kern der Organisationspolitik gehörte.

STABILITÄTSANKER IN KRISENZEITEN

Am Ende dieser erfolgreichen Entwicklung stand der überragende Wahlerfolg bei der Reichstagswahl 1912, dem durch den Ersten Weltkrieg und die Parteispaltung 1917 Jahre der Stagnation und Schwächung folgten. Trotz heftiger Konkurrenz durch die Unabhängige Sozialdemokratische Partei Deutschlands (USPD) sowie die Kommunistische Partei Deutschlands (KPD) behauptete sich die SPD und erholte sich nach einer Schwächephase wieder, sodass sie nach dem Zusammenschluss mit der USPD 1923 ihre dominierende Stellung in der politischen Linken zurückgewann – nun verstärkt auch in der Kommunal- und Landespolitik, wo die Wahlrechtsdiskriminierungen durch die Revolution 1918 entfallen waren.

Die SPD konnte sich im Zeitraum der Parteispaltungen auch deswegen behaupten, weil ihre Ortsvereine, trotz beachtlicher Mitgliederverluste in einigen Regionen, intakt blieben und das Parteivermögen gegen den Zugriff der Dissidenten verteidigt werden konnte. Ab 1923 setzte sich der weitere Aufschwung der SPD fort, was zur Gründung von zahlreichen Ortsvereinen in Diaspora-Gebieten führte. Weiße Gebiete auf der Partei-Landkarte verschwanden.

Trotz der relativen Stärke der SPD gelang es 1933 den Nazi-Regierungen, die SPD zu verbieten und ihre Organisation auszulöschen. Die fehlerhafte Einschätzung der Parteiführung machte die Ortsvereine hilflos und lieferte sie dem terroristischen Angriff der Nazis aus. In kleinen Zirkeln, die auch Widerstand leisteten, vor allem als Schutzgemeinschaft, überlebte die SPD mit ihren Mitgliedern.

Dies erklärt, dass sie vor 75 Jahren wie aus dem Nichts wiederentstand – und abermals nicht bei null beginnen musste. Mit Ausnahme der Sowjetunion hatten die Siegermächte ein Wiederentstehen der von Nazi-Deutschland vernichteten Parteien nicht vorgesehen. Die SPD meldete sich aber in den befreiten Teilen Deutschlands sofort und nach dem 8. Mai 1945 überall zurück. Es war die Ortsvereins-SPD, die Lebenszeichen sandte.

Zum sozialdemokratischen Narrativ gehört seitdem, dass vielerorts die vergrabenen Parteibücher mit der Bitte präsentiert worden seien, selbstverständlich solle der offene Beitrag für zwölf Nazi-Jahre nachbezahlt werden.

Jedenfalls: 1945 entstand die SPD als Ortsvereins-Partei, erst danach konnte die Zentralisierung von Hannover oder von Berlin aus die Basisbewegung einfangen.

Lange folgte das politische Leben der Ortsvereine dabei dem 1933 untergegangenen Weimarer Muster. Der monatliche Zahlabend, fest im Jahreskalender verankert, diente der Beitragszahlung. Wer dort nicht erschien, zu dem kam der Hauskassierer, der mit seinen Unterkassierern das sozialdemokratische Netzwerk repräsentierte. Manche Parteikarriere startete in diesem System.

Als in den 1960er Jahren auch bei den Arbeitern zur bargeldlosen Lohnzahlung übergegangen wurde, setzte sich gleichzeitig die Abbuchung des Parteibeitrages durch. Der Zahlabend mit seinen politischen Berichten und die Hauskassierung verschwanden. Schließlich ersetzte die Jahresmarke die monatliche Beitragsmarke. Nur das Parteibuch blieb.

Auf diesen strukturellen Wandel der Ortsvereine, der über die genannten Punkte hinaus die SPD-Basis in den 1960er und 1970er Jahren veränderte, fand die Führung der SPD bis heute keine Antwort. Diese fehlende Antwort ist eines der Probleme, die die älteste deutsche Mitgliederpartei unanalysiert und unbearbeitet mit sich schleppt. Ein Grund für ihre anwachsenden Misserfolge bei Wahlen ist die zunehmende Schwäche ihrer Ortsvereine, denen sie historisch ihr Überleben in Zeiten politischer Repression und Verfolgung sowie ihre großen Wahlerfolge zu verdanken hat. Was ist also zu tun?

MEIN ORTSVEREIN. NIRGENDWO?

2016 gab der in der SPD langgediente Historiker Karsten Rudolph einen Sammelband heraus, in dem unter dem Titel »mein Ortsverein« 22 Sozialdemokrat*innen darüber nachsannen, wie sie dem real existierenden Ortsverein begegneten. Welche Erinnerungen sie besitzen, wie sie ihr erster Ortsverein geprägt hat.[1]

Repräsentativ sind die Schilderungen nicht. Schon die Auswahl der Berichtenden bevorzugt die Super-Genoss:innen: Allein fünf Parteivorsitzende schreiben über ihren Ortsverein. Zählt man die weiteren Spitzenfunktionäre hinzu, dann kommt man auf die Zahl 18, es verbleiben vier Genoss:innen mit einer Normalmitgliedschaft, wenn auch nicht mit einem Normalberuf.

In der Zusammenschau dieser Beiträge fällt auf, dass nur wenige über einen typischen Ortsverein berichten. Vorherrschend ist der untypische Ortsverein, etwa auch einige Diaspora-Ortsvereine werden beschrieben, die es in der SPD überwiegend in mehrheitlich katholischen Regionen gibt. Es fehlt die Erinnerung an einen ländlich-agrarischen Ortsverein, z.B. in

1 Vgl. Karsten Rudolph (Hg.), mein Ortsverein, Bochum 2016.

Norddeutschland, und im Jahr 26 nach der deutschen Einheit wäre der Blick in einen Ortsverein Thüringens oder Sachsens nicht uninteressant gewesen. Der großstädtische Ortsverein taucht nur am Rande auf, obwohl die Mehrheit der SPD-Mitglieder dort organisiert ist. Der klassische Ortsverein fehlt, wie er in Mittelstädten, in großen Umlandgemeinden existiert, aus denen die Landwirtschaft verschwunden ist, die zu Schlafgemeinden für städtische Arbeitnehmer:innen geworden sind.

Nun wollte Karsten Rudolph ganz sicher keine repräsentative Ortsvereins-Studie liefern. Sein Band dürfte als Beitrag zur ewigen Diskussion über die Rolle des Ortsvereins gedacht sein, für die im Jahre 2016 schon galt, dass er sich in der Krise befand.

Die Krise, so wie sie die Autor:innen mit unterschiedlichen Eintrittsjahren und häufigen Ortswechseln erlebt hatten, schimmert in fast allen Beiträgen durch. Voll des Lobs sind nur zwei Autorinnen über den Ortsverein als Mittelpunkt von sozialdemokratischer Debattenkultur: eine Durchschnittsgenossin, die im exotischen Ortsverein New York eine Heimat in der Fremde fand, und die Historikerin Helga Grebing, die aus den zahlreichen Ortsvereinen ihrer beruflichen Stationen einen Ortsverein besonders lobt, jedoch auch ein negatives Beispiel aus ihrer Berufsstation Bochum schildert – ein großer Ortsverein in der Herzkammer der SPD, der von Herzflimmern erfasst ist.

Dass die Realität des Ortsvereins seit Jahrzehnten Korrekturen verlangt, dass wohl die Mehrheit der Ortsvereine die ihm vom Organisationsstatut der SPD zugeschriebenen, von der Parteiführung erwarteten Aufgaben nur begrenzt oder gar nicht erfüllt, deutet der Beitrag von Matthias Machnig an – als Bundesgeschäftsführer, Wahlkampfleiter und Minister ein Fahrensmann der SPD, der auf die Beschreibung seines Ortsvereins verzichtet und über den Ideal-Ortsverein philosophiert: »Der Ortsverein ist nichts weniger als der Transmissionsriemen für Demokratie und zugleich Keimzelle der Netzwerkpartei, die die SPD werden muss, um Volkspartei zu bleiben.« Matthias Machnig schrieb seinen Beitrag mit einem Hintergrund von Erfahrungen, als seit Jahrzehnten deutlich war, dass der SPD-Ortsverein die erwartete Leistung nicht mehr erfüllte.

DIE ANFÄNGE DER ORGANISATIONSREFORM

Die Papiere über die Reform des Ortsvereins sind zahllos, auch in den gedruckten Berichten zur Parteireform finden wir Vorschläge zur Reform des Ortsvereins. In den kritischen Bemerkungen aus der Organisation nach der Niederlage von 1957 tauchte die Reformforderung auf und 1966 widmete sich eine Tagung des SPD-Parteivorstands dem Thema: Die Rolle des Ortsvereins heute. Der Organisationsspezialist Bruno Friedrich wartete mit kreativen Vorschlägen auf, doch ein Anstoß zu einer massenhaften Veränderung der Arbeitsweise der Ortsvereine wurde daraus nicht.[2]

Intensive Bemühungen gingen eine Zeit lang von Herbert Wehner aus, der als stellvertretender Parteivorsitzender ab 1958 die Organisationspolitik der Gesamtpartei steuerte. In zahlreichen Artikeln und Interviews warb er für die als notwendig erkannte Organisationsreform. Seine erfahrungsgesättigten Vorschläge zur Verbesserung der Arbeits-, Kampf- und Werbemethoden der SPD wurden als Broschüre in der gesamten Partei verbreitet. Wichtiger war jedoch, dass Herbert Wehner rastlos in der Partei für seine Organisationspolitik warb. Hunderte von Terminen in Ortsvereinen, Unterbezirken, Bezirken und besonderen Organisationskonferenzen belegen seine Omnipräsenz als Prediger für eine reformierte SPD und für ihr reformiertes Programm. Er diskutierte gegen viele Widerstände, trat aber zugleich als Zuchtmeister auf.

Das Wehner-Programm bewirkte einiges, schuf es doch die Grundlagen für die Wahlerfolge in den 1960er Jahren. Auf ein während dieses Jahrzehnts anwachsendes Problem hatte es jedoch keine ausreichende Antwort parat: Die Öffnung der Partei verschaffte ihr neue Mitglieder, die sich schwer taten mit dem Traditionalismus vieler Ortsvereine, die nur über Kommunalpolitik und die politische Verwaltungsarbeit diskutierten – sprich Wahlkämpfe. Gelegentlich tauchte der Bundestags- oder Landtagsabgeordnete auf und berichtete aus Bonn, Düsseldorf, Wiesbaden usw. vor. Allerdings hatten da die meisten Versammlungsteilnehmer vieles schon erfahren, vor allem durch die nun umfassendere Fernsehberichterstattung. Im Titel Bericht aus Bonn kopierten die Bundestagsabgeordneten sehr häufig das beliebte Fernsehformat.

Zu kurz kam in der traditionellen Organisationskultur die Aufnahme der politischen Interessen der Neumitglieder, die aus anderen Schichten, anderen Berufen, als das klassische SPD-Mitglied stammten, die andere Erwartungen an ihre Mitgliedschaft hatten und mit ihren Kenntnissen und Erfahrungen an der Gestaltung der SPD-Politik mitwirken wollten. Nicht nur in der Kommunalpolitik, sondern auch in der Landes- und Bundespolitik, später auch der Europapolitik. Freilich gab es Fachkonferenzen, doch die Einladungen dazu funktionierten vor der Zeit der zentralen Adressverwaltung und der Einführung des Mitgliedermagazins nicht optimal.

Als die SPD in den 1970er Jahren ihren Höhepunkt mit einer Million Mitgliedern und über achttausend Ortsvereinen erklomm, bewegte sie auch permanent Basiskonflikte, die in der Regel zwischen Alt- und Neumitgliedern ausgetragen wurden. Die Organisationspolitik des Parteivorstandes fand darauf keine Antwort, weder analytisch noch praktisch. Allenfalls pflegte die

2 Vgl. Die Rolle des Ortsvereinen heute, hg. vom Parteivorstand der SPD, Bonn 1966.

Parteizentrale boshafte Bemerkungen über Ortsvereine zu äußern, die sich mit Vorschlägen zur Bundespolitik hervortaten, indem sie fleißig Anträge zu den Parteitagen formulierten: »Dort wohnen wohl zu viele SPIEGEL- und STERN-Redakteure« oder »Das ist bestimmt ein Universitäts-Ortsverein«; manchmal hieß es auch: »Da muss der Minister mal ein Machtwort sprechen. Im Ortsverein XYZ kritisieren seine Beamten unsere Regierungspolitik«. Dass in den 1970er Jahren keine Antwort auf den in der Mitgliederstruktur gewandelten Ortsverein gefunden wurde, bleibt ein Vorwurf an die Bundesgeschäftsführer dieses Jahrzehnts, von denen keiner die außerordentliche Präsenz Herbert Wehners in der Organisation erreichte, und es fehlte ihnen lange Zeit an analytischer Zuarbeit.

Von Holger Börner, Bundesgeschäftsführer von 1972 bis 1976, bleibt die herausragende Leistung von zwei Wahlsiegen 1972 und 1976, für die er unter schwierigen politischen Voraussetzungen verantwortlich war, jedoch fand auch er keine Antwort auf den außerordentlichen Zuwachs der SPD: Von 1969 bis 1972 stieg die Mitgliederzahl um 150.000 auf 954.394, 1976 waren

es 1.022.191. Das Überschreiten der Millionengrenze wurde stolz registriert, auch der damit verbundene Zuwachs an Beiträgen, doch mehr geschah nicht.

Holger Börner verzichtete auf die Reform des Ortsvereins, weil die Tagespolitik Vorrang hatte. Im Nachhinein muss seine Amtszeit zu den Zeiten versäumter Reformen gezählt werden. Der Zuwachs von Neumitgliedern wurde seit dem Jahr seiner Amtsübernahme 1972 bis zum Oktober 1976 mangelhaft in die SPD integriert und damit das neue Potenzial unzureichend genutzt. Viele, die mit dem Willen zur Mitwirkung in die SPD eingetreten waren, blieben einige Zeit, verließen sie aber oft wieder aufgrund der ständig auftretenden Differenzen zwischen Basis und Führung. In rasender Austrittslust ab 2002, als sich durch die Agenda 2010 die Kluft zwischen der Führung und ihren Mitgliedern verbreiterte. Der SPD-Ortsverein war nicht in der Lage, diese Kluft zu schließen.

Organisationspolitik und Organisationsreform der SPD waren nicht die Spezialitäten des Bundesgeschäftsführers Egon Bahr, der sich um Strategie und Taktik der SPD in den schwierigen Jahren vor der Bundestagswahl 1980 große Verdienste erwarb. Dem Außenpolitiker hing aber auch das Bonmot an: Egon kümmert sich vor allem um die SPD-Ortsvereine Washington und Moskau.

Das Kapitel »Die Durchsetzung einer Politik des demokratischen Sozialismus als Aufgabe der Sozialdemokratischen Partei« im 1975 beschlossenen Orientierungsrahmen (OR) '85 stellte sich mit dem neuen Begriff der Vertrauensarbeit der Partei und Vorschlägen zur Ausfüllung den Anforderungen an die gewandelte SPD und ihren Aufgaben in der Gesellschaft, doch einen Ruck in der SPD gab es nicht, wie auch der mit hohem Aufwand und großer Diskussionsbeteiligung erarbeitete politische Teil des OR '85 nahezu folgenlos blieb.[3]

REFORMPOLITISCHE ÖFFNUNG

Die schwierige Lage der SPD nach der Bundestagswahl 1976 motivierte die Parteiführung immerhin, analytische Transparenz über ihre Partei zu gewinnen. INFRATEST erhob 1977 Daten und Meinungen bei ca. 10.000 SPD-Mitgliedern. Außer einer internen Diskussion über die beachtliche soziale und politische Spreizung in der SPD-Mitgliedschaft sah man sich jedoch nicht in der Lage zu einer organisationspolitischen Antwort auf diese Ergebnisse. Die politischen Tagesfragen der zunehmend um Einheit ringenden Sozialliberalen Koalition überlagerten die Organisationspolitik, obwohl damals startende Korrekturen eine neue Organisationsqualität hätten schaffen können. Freilich nicht in ein oder zwei Jahren. Wie nach 1958 hätte sich die

3 Vgl. Daniela Münkel, »Freiheit, Gerechtigkeit und Solidarität«. Die Programmgeschichte der Sozialdemokratischen Partei Deutschlands, Berlin 2007, S. 115 ff.

Parteiführung mit einer reformbereiten Basis dafür schon ein halbes Jahrzehnt vornehmen müssen.

Als Peter Glotz 1981 Bundesgeschäftsführer wurde, sah er die vielfältigen Organisationsprobleme, doch die Tagespolitik hatte wiederum Priorität. Typisch für die Situation war, dass eine im Oktober stattfindende Organisationspolitische Konferenz nicht über Ansätze zu einer Organisationsreform diskutierte, sondern über das katastrophale Kommunalwahlergebnis in Niedersachsen und das sich abzeichnende Ende der Sozialliberalen Koalition.

Die folgenden Monate bis zum Koalitionsende im September 1982 und die vorgezogene Bundestagswahl im März 1983 – der Winterfeldzug – ließen keinen Raum für eine Organisationsreform, die auch den Ortsverein einschloss. Danach startete Peter Glotz zahlreiche Initiativen, die auf die Öffnung der SPD abzielten.[4]

Die SPD sollte sich diskussionsbereiter zeigen, eine Werkstatt für neue Ideen in einer sich wandelnden Gesellschaft werden. Außerhalb der Traditionsformen sollte sie ihre Verbindungen zur kulturellen Welt und zur Wissenschaft festigen und weiterentwickeln. Ihre historischen Leistungen sollten in Erinnerung bleiben und in die aktuelle sozialdemokratische Politik eingehen. Der Ortsverein stand nicht im Zentrum seines organisationspolitischen Programms.

Peter Glotz wurde vielfach ignoriert, aus der SPD Nordrhein-Westfalens sogar bekämpft, sein Werben für Reformen als Glotzismus lächerlich gemacht – trotzdem kann seine Zeit bis 1987 nicht als Ausfall bezeichnet werden. Es gab Veränderungen im Organisationsstil und einiges blieb sogar – das Kulturforum und das Wissenschaftsforum, wenn auch in Ausstrahlung und Größe weit hinter den Vorstellungen von Peter Glotz zurückbleibend. Eine inkompetente Parteiführung glänzte 2018 durch Auflösung der von Glotz erstmals berufenen Historischen Kommission, die die Geschichtspolitik der alten Tante SPD steuerte. Erst massive Proteste erzwangen eine Korrektur.

Die drei Jahrzehnte nach Peter Glotz prägen versäumte Reformen, unter denen die des Ortsvereins nur ein Unterkapitel ist. Der Ortsverein wird in den zahlreichen Reformtexten nicht vergessen. 1991, als mit der Wahl von Björn Engholm, nach Hans-Jochen Vogel, dem Vorsitzenden des Übergangs, die lange erwartete organisatorische Erneuerung und Modernisierung der SPD beginnen sollte – so der Beschluss des Bremer Parteitages –, fehlte nicht der Hinweis auf die Bedeutung der damals existierenden 11.000 Ortsvereine.

Das in der Engholm-Zeit begonnene Projekt SPD 2000 ging im Trubel seines Rücktritts vom SPD-Vorsitz und der nachfolgenden Instabilität der SPD-Führung unter. Dem von 1993 bis 1995 amtierenden Bundesgeschäftsführer

4 Vgl. Peter Glotz, Die Beweglichkeit des Tankers. Die Sozialdemokratie zwischen Staat und neuen sozialen Bewegungen, München 1982.

Günter Verheugen, der 1982 von der FDP zu SPD gewechselt war, fehlte das Verständnis für die sozialdemokratische Organisationskultur. Sie blieb ihm fremd, also verschwand die Reforminitiative SPD 2000 im Archiv.[5]

Als nach der Abwahl des Engholm-Nachfolgers Rudolf Scharping 1995 mit Franz Müntefering ein neues Team für die Organisationspolitik verantwortlich wurde, blieb es bei der Distanz zu den Ortsvereinsproblemen. Die Vorbereitungen auf die Bundestagswahl 1998 bestimmten alles. Die Reform des Ortsvereins sah man als nachrangig an, und übersah auch die deutlicher hervortretende Schwäche der Ortsvereine in den neuen Bundesländern, wo das aus der alten Bundesrepublik übertragene Ortsvereinsmodell mangels Mitglieder-Stärke nicht funktionierte; und die weißen Flecken in Bayern und Baden-Württemberg wuchsen.[6]

Franz Münteferings Vorschläge im Jahr 2000 berührten nur Oberflächen-Phänomene der Organisationspolitik. Sie wurden kurz diskutiert und zu den Akten gelegt, sie sind allenfalls als Material für politikwissenschaftliche Arbeiten beachtenswert. Allenfalls bleibt sein Vorschlag in Erinnerung, den Ortsverein für Nichtmitglieder zu öffnen. Und sein Verjüngungsvorschlag für die Bundestagsfraktion fand ein einmaliges Echo: Tatsächlich zogen einige Abgeordnete unter dreißig Jahren in den Bundestag ein.[7]

Die von Sigmar Gabriel 2009 in seiner Bewerbungsrede für den SPD-Vorsitz erhobene Forderung nach einer Kümmererpartei und die verfolgten Korrekturen in der Organisationspolitik blieben folgenlos. Zwar legten die Mitgliederinnen der SPD-Geschäftsführung – Andrea Nahles (Generalsekretärin), Barbara Hendricks (Schatzmeisterin), Astrid Klug (Bundesgeschäftsführerin) – ein ambitioniertes Papier (Die SPD erneuern) vor, doch die Nacharbeit unterblieb. Außer Diskussionen auf Konferenzen und Parteitagen geschah nichts.

Im Jahr 2020, nachdem die Reform des Ortsvereins ein halbes Jahrhundert lang immer wieder diskutiert und in den zahlreichen Reformpapieren behandelt wurde, steht die SPD in unterschiedlicher Ausprägung vor einem neuen, seit Jahren anwachsenden Problem, das Matthias Machnig so beschrieb: »Die SPD hat ein größeres demografisches Problem als die deutsche Rentenversicherung.« Er folgerte daraus: Die SPD muss deshalb jünger, familienfreundlicher, weiblicher werden. Eine zutreffende Feststellung, doch ließ er das Wie offen. Angesichts der Lage der Partei, des Mangels an empirischen Daten über die Situation der Ortsvereine erinnern solche Forderungen an die Münchhausen-Geschichte, in der sich der Baron an den eigenen Haaren aus dem Sumpf zieht.

Trotz aller vergangener Versäumnisse, trotz vorherrschender depressiver Stimmung, trotz wachsender Kluft zwischen Basis und Führung bleibt die

5 Vgl. Peter von Oertzen u. Susi Möbbeck (Hg.), Vorwärts, rückwärts, seitwärts – Das Lesebuch zur SPD-Organisationsreform, Köln 1991; Malte Ristau u. a. (Hg.), Tanker im Nebel. Zur Organisation und Programmatik der SPD, Marburg 1992.

6 Vgl. Bestandsaufnahme 1987. Die Bayerische SPD und ihre Organisation vor Ort, zusammengestellt von Oskar Krahmer, Dachau 1987.

7 Vgl. Matthias Machnig u. Hans-Peter Bartels (Hg.), Der rasende Tanker. Analysen zur Modernisierung der sozialdemokratischen Organisation, Göttingen 2001.

Reform des Ortsvereins die zentrale Zukunftsaufgabe der SPD. Nur leistungsstarke Ortsvereine, die in der Zivilgesellschaft verankert sind, die eine starke Stellung in der Kommunalpolitik haben, werden die Wiedererstarkung der SPD bewirken können: all politics is local.

WAS IST ZU TUN?

Die SPD wird nur weiterkommen, wenn sie eine Ortsvereinsstudie erarbeiten lässt, die auf breiter Basis – regional, unterschieden nach Typen und Größe (städtisch, großstädtisch, ländlich, Traditionsorte, Diaspora) – die Realität des letzten Jahrzehnts abbildet. Und es müssen zahlreiche Fragen beantwortet werden: Welche Standards sollen die Ortsvereine erfüllen? Welche Standards sollen die Geschäftsstellen im Verhältnis zu den Ortsvereinen erfüllen? Welche Hilfen benötigen die Ortsvereine von den Bezirken und Landesverbänden, aus dem Willy-Brandt-Haus? Wird nicht zu oft das Rad neu erfunden? Wie sollte die Digitalisierung genutzt werden?

Wer überarbeitet die unvollständigen Daten der Mitglieder-Adress-Verwaltung (MAV)? Was bewirkt die Fluktuation in den Vorständen? Wie wird den neuen Ortsvereinsvorsitzenden, neuen Vorstandsmitglieder geholfen? Stimmt das Schulungsangebot? Sollte es Ortsvereinsberater:innen geben? Was bedeutet der virtuelle Ortsverein im Verhältnis zum Traditionsortsverein? Wie sollte der Ortsverein/der Parteivorstand dem neuen Mitglied begegnen? Wie sollte ein ergänzendes Politikangebot für unsere Mitglieder aussehen, das vom Ortsverein oder den Arbeitsgemeinschaften nicht erfüllt wird oder nicht erfüllt werden kann? Das sind nur einige Fragen, die in nicht allzu ferner Zukunft beantwortet werden sollten.

Dass mehr notwendig ist als der Druck einer inhaltsreichen Broschüre, belegt eine Veröffentlichung des Willy-Brandt-Hauses aus dem Jahre 2013: das Handbuch »Ortsvereinsarbeit«, das nahezu jede Frage beantwortet, die alte oder neue Ortsvereinsvorsitzende stellen könnten.[8] Doch weist es einige zentrale Mängel auf: eine die Realität der kleinen oder mittleren Ortsvereine überschätzende Vorstellung ihrer Organisationskraft; eine die Lesbarkeit behindernde Typografie bei wichtigen Hinweisen. Ein Mangel ist sicher auch, dass ein 2013 verbreiteter Text regelmäßig überarbeitet werden muss und er sollte jedem neuen Ortsvereinsvorsitzenden zugestellt werden, wie auch die Wirkung des Handbuches durch ständige Weiterbildung für Ortsvereinsvorsitzende verbessert werden müsste. Bleibt es so, wie es ist, dann leistet der Transmissionsriemen Ortsverein wenig oder gar nichts.

Ein lobenswertes Beispiel ist der nach Wilhelm Dröscher benannte Wettbewerb Lebendiger Ortsverein. Dröscher war SPD-Spitzenpolitiker, der sich

8 SPD, Handbuch Ortsvereinsarbeit, Berlin 2013.

in seiner politischen Karriere durch besondere Bodenhaftung auszeichnete, die in einem für die SPD schwierigen Wahlkreis mit herausragenden Wahlergebnissen belohnt wurde. Jahrzehnte nach seinem Tod fiel der Wahlkreis 2005 an die CDU.

Mit dem Wilhelm-Dröscher-Preis werden auf jedem ordentlichen SPD-Parteitag Aktionen von Ortsvereinen prämiert. Tatsächlich präsentieren sich dort leuchtende Beispiele der Kümmerer-SPD. Was auf dem Parteitag gelobt und beklatscht wird, findet jedoch keine allgemeine Nachahmung in der SPD. Vieles ist lokal bezogen, aber einiges könnte in der gesamten SPD beispielhaft genutzt werden, dabei müsste aber das Willy-Brandt-Haus helfen oder die Landes- bzw. Bezirksorganisation. Von selbst verbreiten sich diese Ideen nicht und nur wenige Ortsvereinsvorsitzende besuchen den Parteitag.

DIGITALISIERUNG ODER ENDE?

An den skizzierten Stellen müsste eine aktive Arbeit mit den Ortsvereinen ansetzen, sonst bleibt auch *SPD erneuern* eine Kopfgeburt. Die schonungslose Analyse des Bundestagswahlkampfes 2017 zeigt u. a. die Schwäche der Ortsvereine, die in weiten Teilen der Bundesrepublik nicht mehr kampagnenfähig sind.[9]

Das digitale Jahrhundert stellt aktuell die ortsvereinsbasierte SPD vor völlig neue Herausforderungen: Die Teilnahme an der Meinungsbildung, auch an der Willensbildung, droht auseinanderzufallen zwischen Online-Mitgliedern und analogen Mitgliedern. Online entstehen neue Diskussionsformen, die quer zum Ortsverein liegen, die Mobilisierung ermöglichen, die der historischen SPD fremd waren. Wer onlinefähig ist, kann Wahlen und Abstimmungen entscheiden – ausschlaggebend bei der Wahl des aktuellen Vorsitzenden-Duos.

Allerdings zeigte das Verfahren auch, dass eine schweigende Mehrheit vorhanden ist, deren Verhalten schwierig auszudenken ist. Eine onlinegeführte Partei stärkt das Informations- und Interpretationsmonopol der Führung, doch kann sich eine von den Ortsvereinen abgelöste Online-Community dagegen wehren. Die Resonanz dieser Gruppen unter dem gemeinsamen Label SPD wächst, ebenso in den zahlreichen Blogs der Mitglieder.

Stärkt dies die Hinführung zu einer gemeinsamen Politik? Oder ist ihr Ausdruck die lose verkoppelte Anarchie und damit auch das Ende der erfolgreichsten Partei der deutschen Geschichte?

9 Vgl. Aus Fehlern lernen. Eine Analyse der Bundestagswahl 2017, hg. vom SPD-Parteivorstand, Berlin 2018.

Klaus Wettig, geb. 1940, war Europaabgeordneter und hat zahlreiche Wahlkämpfe für die SPD organisiert, u. a. die Europawahlkämpfe 1984 und 1989. Als Lehrbeauftragter unterrichtete er Wahlsoziologie an der Universität Göttingen. Mit Peter Lösche analysierte er in jedem Bundestagswahljahr von 1990 bis 2005 die Wahlen dieser Jahre.

INDES
ZEITSCHRIFT FÜR POLITIK UND GESELLSCHAFT

Herausgegeben durch das Institut für Demokratieforschung der Georg-August-Universität Göttingen.

Redaktion:
Alexander Deycke, Jens Gmeiner, Tom Pflicke, Luisa Rolfes.

Konzeption dieser Ausgabe: Marika Przybilla-Voß.

Redaktionsleitung:
Dr. Matthias Micus (verantw. i. S. des niedersächs. Pressegesetzes), Michael Lühmann, Marika Przybilla-Voß (vertreten durch Luisa Rolfes).

Redaktionsanschrift:
Redaktion INDES
c/o Göttinger Institut für Demokratieforschung
Weender Landstraße 14, 37073 Göttingen,
redaktion@indes-online.de
Online-Auftritt:
www.indes-online.de

Anfragen und Manuskriptangebote schicken Sie bitte an diese Adresse, möglichst per E-Mail. – Die Rücksendung oder Besprechung unverlangt eingesandter Bücher kann nicht gewährleistet werden.

INDES erscheint viermal jährlich.
Bestellung durch jede Buchhandlung, unter v-r-journals@hgv-online.de (Bestellungen und Abonnementverwaltung) oder unter abo@indes-online.de.
Jahresbezugspreis print + online € 73,– D; ermäßigter Preis für Studierende/Auszubildende (gegen Bescheinigung, befristet auf drei Jahre) € 41,80 D; Inst.-Preis print + online ab € 150,– D
Einzelheftpreis € 22,– D.
Jeweils zzgl. Versandkosten. Preisänderungen vorbehalten. Die Bezugsdauer verlängert sich jeweils um ein Jahr, wenn nicht eine Abbestellung bis zum 1.10. erfolgt.

Verlag:
Vandenhoeck & Ruprecht GmbH & Co. KG,
Theaterstr. 13, D-37073 Göttingen.

ISBN 978-3-525-80031-7

ISSN 2191-995X

Gestaltung, Satz und Lithografie:
SchwabScantechnik, Göttingen

BEBILDERUNG

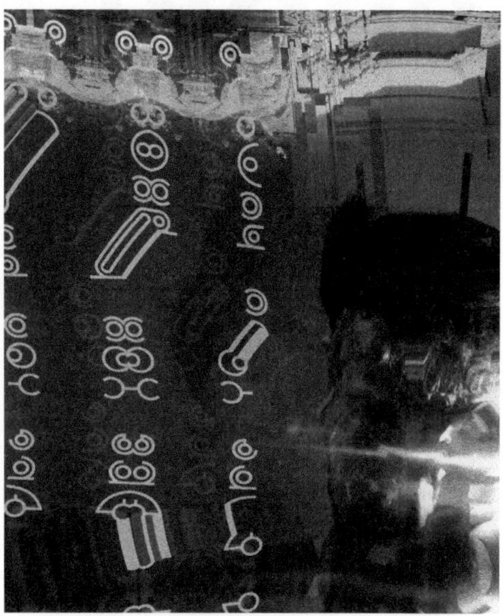

Der Illustrator dieser Ausgabe hat sich seinem Pseudonym verschrieben: beruhigend unangenehm. Manchmal bedarf es einer leichten Übersteigerung des Normalen, um den befremdlichen Charakter des sonst so Vertrauten zu verbildlichen. Und manchmal sind es nur kleine Abweichungen vom Normalen, die seinen starren, beengenden und gleichsam ermöglichenden Charakter zum Vorschein bringen. Während der Concept-Art-Ansatz das Mögliche, aber nicht Realisierte abstrakt zu verbildlichen bestrebt ist, will die Zusammenstellung partiell entfremdeter Bilder in dieser Ausgabe dekonzeptualisieren, das Unmögliche des Bestehenden verbildlichen, um darüber hinauszuweisen und das vorerst (An-)Genehme in Bewegung zu bringen.

Bildnachweise:
Portrait Ludger Schwarte: Till Budde